Auf der CD

DK

CHINESISCH superleicht

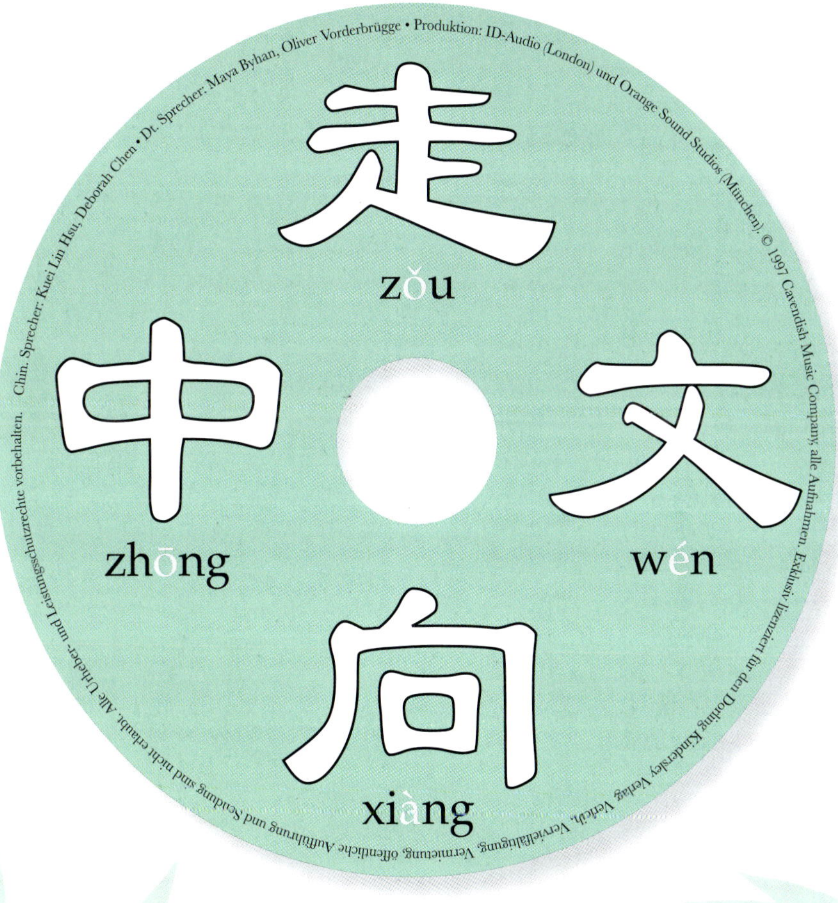

Für Anfänger

DK | Penguin Random House

Text Elinor Greenwood
Gestaltung Hedi Gutt, Gemma Fletcher, Tory Gordon-Harris, Clare Shedden
Redaktion Carrie Love
Projektkoordination Susan Leonard
Grafik Rachael Foster
Herstellung Claire Pearson
DTP-Design Ben Hung
Fachliche Beratung Katharine Carruthers und Yu Bin

Für die deutsche Ausgabe:
Projektbetreuung Martina Glöde
Herstellung Petra Kühner
Programmleitung Monika Schlitzer
Herstellungsleitung Dorothee Whittaker
Covergestaltung Sabine Hüttenkofer

Titel der englischen Originalausgabe: Easy Peasy Chinese

Übersetzung Birgit Reit

ISBN 978-3-8310-3043-9

Druck und Bindung
Leo Paper Products, China

FSC www.fsc.org MIX Papier aus verantwortungsvollen Quellen FSC® C020056

www.dk-verlag.de

Inhalt

Kapitel 4: Zahlen

Kapitel 5: Wetter

Kapitel 6: Verkehr

Kapitel 7: Essen & Trinken

Kapitel 8: Freizeit

Kapitel 9: China erleben

Vorwort

Fünf gute Gründe, Chinesisch zu lernen:

1 China ist mit 1,3 Mrd. Menschen das bevölkerungsreichste Land der Welt.

2 Wer Englisch und Chinesisch spricht, kann sich mit mehr als der Hälfte der Weltbevölkerung verständigen.

3 China entwickelt sich zu einer wirtschaftlichen Supermacht.

4 Die chinesische Sprache ist faszinierend.

5 Eine Reise nach China ist interessanter, wenn man ein wenig Chinesisch spricht.

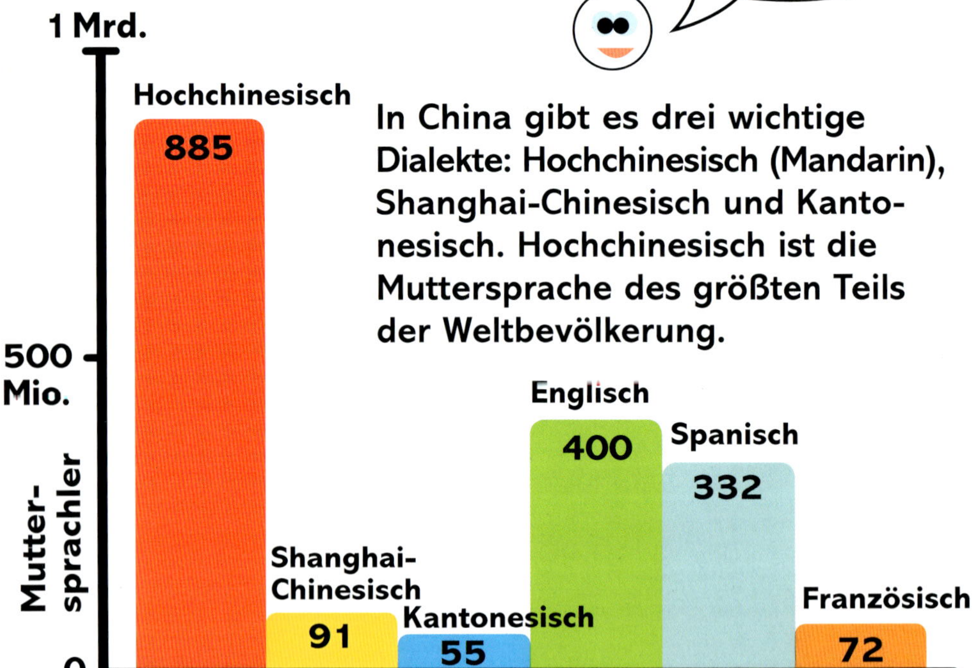

In China gibt es drei wichtige Dialekte: Hochchinesisch (Mandarin), Shanghai-Chinesisch und Kantonesisch. Hochchinesisch ist die Muttersprache des größten Teils der Weltbevölkerung.

中
Zhōng
文
wén

Hier einige der verschiedenen Bezeichnungen für Hochchinesisch mit wörtlicher Übersetzung:

Guóyǔ	**Nationalsprache**
Pǔtōnghuà	**Allgemeine Sprache**
Hànyǔ	**Sprache der Han**
Zhōngwén	**Chinesische Sprache**

Auch Chinesen lernen Hochchinesisch

Nach dem Sturz der Qing-Dynastie im Jahr 1911 bestimmte die neue nationalistische Regierung Hochchinesisch zur Amtssprache von ganz China. Es sollte anstelle der vielen Sprachen und Dialekte eingeführt werden, die bis dahin die Verständigung erschwerten.

Hochchinesisch sollte ursprünglich bis 2030 überall eingeführt sein. Da China jedoch so riesig ist und es dort so viele verschiedene Dialekte gibt, unterrichten viele Lehrer weiterhin im örtlichen Dialekt. Hochchinesisch wird wie eine Fremdsprache gelernt und dient nur der Verständigung mit Fremden.

Wozu dient dieses Buch?

Dieses Buch ist als Einstieg für alle Zwecke geeignet. Du kannst dir damit einen Einblick in die Kultur verschaffen und nebenbei ein wenig von der Sprache aufschnappen oder es als Einführung in die Sprache verwenden und die wichtigsten Grundlagen lernen.

Das Geheimnis des Chinesisch-Lernens lautet:

慢慢来！ Màn mān lái!

Immer mit der Ruhe!

Pinyin

Pinyin heißt die Umschrift, mit der man die Laute der chinesischen Silben in lateinischen Buchstaben wiedergibt. Sie hilft uns bei der Aussprache der Wörter.

Kein Alphabet

Die chinesische Schrift kennt kein Alphabet. Sie besteht aus vielen **Schriftzeichen**, die sich aus winzigen Bildern zusammensetzen. Weil wir nicht erkennen können, wie sie ausgesprochen werden, brauchen wir die Pinyin-Umschrift.

Wie wird z. B. dieses Zeichen ausgesprochen?

猫

In Pinyin schreibt man „māo“ (Katze).

Ohne Pinyin wäre es sehr schwer, Chinesisch als Fremdsprache zu lernen.

Dennoch liefert Pinyin nur ungefähre **Hinweise** auf die Aussprache. In jeder Fremdsprache lernt man die Laute am besten durch Zuhören und Nachsprechen.

CD einlegen!

Wenn du dieses Symbol siehst, kannst du dir die Vokabeln der betreffenden Seite auf der Begleit-CD anhören.

Was ist Pinyin?

Pinyin wurde 1958 in der Volksrepublik China als offizielle lateinische Lautschrift für chinesische Zeichen eingeführt. In diesem Buch richten wir uns danach. Andere Systeme wie z. B. „Wade-Giles" werden immer seltener verwendet.

Dies sind die Schriftzeichen für „Pinyin":

拼 音

buchstabieren Laut

So wird Pinyin verwendet

Chinesische Wörter bestehen aus einzelnen Silben, z. B. „ma".

- ❖ Die Silben beginnen mit einem **Anlaut**.
  In der Silbe **„ma"** ist der Anlaut **„m"**.

- ❖ Sie enden mit einem Vokallaut, dem **Auslaut**.
  In der Silbe **„ma"** ist **„a"** der Auslaut.

Auf den folgenden Seiten findest du zwei Tabellen mit allen An- und Auslauten. Es lohnt sich, jeden Laut anhand der Begleit-CD zu üben.

Tabelle 1: Anlaute

1

Anlaut	Laut	Beispiel
b	b	**B**aum
p	p	**p**latzen (gepustet)
m	m	**M**eile
f	f	**F**ahrt
d	d	**D**ach
t	t	**T**ag (gepustet)
n	n	**N**ame
l	l	**L**and
g	g	**G**ang
k	k	**K**ind (gepustet)
h	ch	Bu**ch** (gepustet)
j	dj	**J**eep
q	tch	Mä**dch**en
x	chs	**ich + ß** (weich)
z	ds	aben**ds**
c	ts	ste**ts** (gepustet)
s	s	mu**ss**
zh	dsch	**Dsch**ungel
ch	tsch	Deu**tsch**
sh	sch	**Sch**wert
r	rj	**J**ournalist
w	w	Ho**w**ard
y	j	**J**unge

Mittelding zwischen „ch“ und „ß“

Sehr weich, fast wie „rsch“

Tabelle 2: Auslaute

2

Auslaut	Laut	Beispiel
a	a	Vater
ai	ai	Mai
ao	au	Raum
an	an	Kanne
ang	ang	Gang (nasal)
o	o	Sonne (offen)
ong	ung	Lunge
ou	ou	o + u
e	e	Biene (stimmlos)
ei	e-i	Hey (getrennt)
en	en	nehmen
eng	öng	Böng! (nasal mit offenem „ö")
er	ar	are (Englisch)
i	i	nie (lang)
ia	ja	Jade
iao	jau	jaulen
ian	jän	Yen
iang	jang	Bianca (nasal)
ie	je	jeder
in	in	Linde
ing	ing	Ding
iong	jung	jung
iu	ju	Juli

> Nach i, u und y spricht man „an" wie „en" in „Namen".

> Nach i, u und y spricht man „e" wie ein kurzes „ä" z. B. in „Länge".

> Nach c, ch, r, s, sh, z und zh wird „i" zum stimmlosen „e" wie in „Biene".

Nach j, q, x und y spricht man „u“ wie „ü“.

Auslaut	Laut	Beispiel
u	u	H**u**t
ua	ua	**u** + offenes **a**
uo	uo	**u** + offenes **o**
ui	ue-i	**u** + offenes **e-i**
uai	uai	**u** + offenes **a-i**
uan	uan	R**uan**da
un	un	Individ**uen**
uang	uang	**u** + **ang**eln (nasal)
ü	ü	m**ü**de
ue	üe	**ü** + **e**
üan	üen	sich abm**ühen** (ohne „h“)
ü	ün	**dünn**

Mit den Tabellen arbeiten

Wenn du ein Pinyin-Wort siehst:

1 Suche in der **Anlaut-Tabelle** den ersten bzw. die ersten beiden Buchstaben, meist Konsonanten.

2 Suche dann in der **Auslaut-Tabelle** den oder die hinteren Buchstaben, die mit einem Vokal beginnen.

3 Füge die beiden Laute zusammen und schon hast du's!

Übung

3

Höre dir an, wie die folgenden Wörter ausgesprochen werden und sprich sie dann nach.

1. yi	6. qing	11. quan
2. zhong	7. xi	12. cong
3. cui	8. cai	13. zai
4. qiu	9. re	14. duo
5. yue	10. shi	15. nü

Nützliche Hinweise

- Sieh dir jedes Wort genau an. Oft sehen sie ähnlich aus, haben aber ganz verschiedene Bedeutungen.

zǒu
gehen

zuò
sitzen

- Viele chinesische Wörter bestehen aus mehreren Silben. Wo die eine Silbe endet und die nächste beginnt, erkennst du an den Anlauten. Sie dienen als Kennzeichen.

xièxie **danke**

↑ ↑

Anlaute

↓ ↓ ↓

pǔtōnghuà **Hochchinesisch**

- In Pinyin gibt es außerdem Zeichen für die „Töne". Mehr dazu auf den folgenden Seiten …

Die Töne

4

Im Hochchinesischen gibt es vier Töne und einen „tonlosen“ Ton. Der Ton einer jeden Silbe ist wichtig für ihre Bedeutung. Die Tonzeichen ˉ ˊ ˇ ˋ geben an, in welchem Ton die Silbe gesprochen werden muss.

1 Erster Ton – gleichbleibend hoch

Sprich mit hoher Stimme und halte den Laut etwas länger als natürlich.

mā

Mutter

Wie beim Arzt, wenn er deinen Rachen untersucht.

2 Zweiter Ton – aufsteigend

Die Stimme steigt von der mittleren Stimmlage in eine höhere. Ziehe dabei die Brauen hoch!

má

Hanf

Wie am Ende einer Frage.

Kein Gehör?

Am Anfang erscheinen die Töne kompliziert, aber man lernt sie ziemlich schnell. Überlege dir einmal Folgendes:

- Es gibt auf der Welt viel mehr tonale als atonale Sprachen.
- Kantonesisch hat mindestens acht Töne. Kaum zu glauben!

Der „neutrale“ Ton

Eigentlich ist das kein Ton, sondern nur die „tonlose“ Aussprache eines Wortes. Stelle dir vor, du sprichst ein Wort ganz ohne Betonung. Dieser Ton hat kein Zeichen.

ma

3 Dritter Ton – fallend und wieder steigend

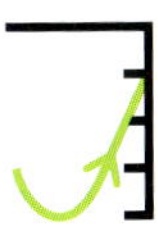

Die Stimme sinkt von der mittleren Tonhöhe ab und steigt wieder.

mǎ

Pferd

Es klingt überrascht.

4 Vierter Ton – fallend

Ein schnelles Absinken von der hohen Stimmlage. Stampfe dabei mit dem Fuß auf!

mà

schimpfen

Klingt wie eine Feststellung.

- In China gibt es über 80 Dialekte und für viele Chinesen ist Hochchinesisch nicht die Muttersprache. Fehler bei den Tönen können also auch Chinesen passieren.
- Auch Leute ohne musikalisches Gehör, die beim Singen keinen Ton treffen, können gut Chinesisch lernen. Die Töne in Sprachen sind nicht absolut, d. h. sie steigen und fallen ohne feste Ausgangstonhöhe.

Töne üben

5

Wenn du die Töne nicht richtig triffst, können dich die Leute nur sehr schwer verstehen. Übe daher die folgenden Wörter immer wieder und höre dir dazu die CD an.

1 
māo
Katze

2 
yuè
Mond

3 
gǒu
Hund

4 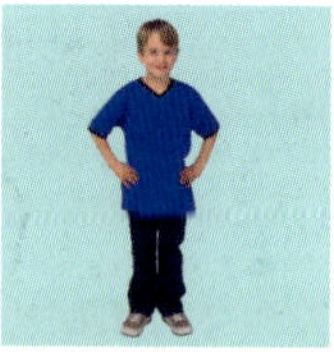
rén
Mensch

5 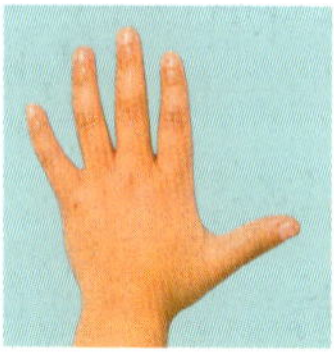
shǒu
Hand

6 
shù
Baum

7 
chē
Auto

8 
yáng
Schaf

9 
shū
Buch

10 
máo
Feder

Töne aneinander reihen

Sobald du einsilbige Wörter richtig aussprechen kannst, versuche mehrere Töne aneinander zu reihen – wie beim normalen Sprechen.

Diese Silbe ist im neutralen Ton.

1

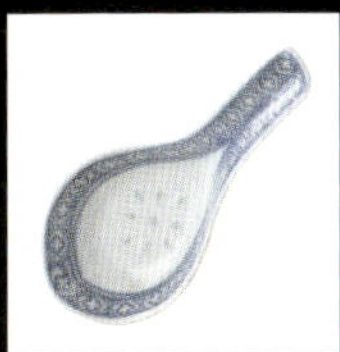

sháozi

Löffel

2

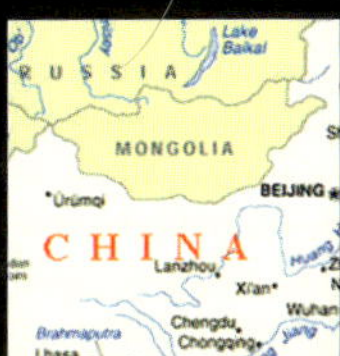

dìtú

Landkarte

Du schneidest Grimassen beim Sprechen? Kein Problem, das geht anfangs jedem so.

3

xióngmāo

Panda

4

gōnggòngqìchē

Bus

5

xīnnián kuài lè!

Frohes neues Jahr!

Die Schriftzeichen

Die chinesische Schrift ist eine der schönsten und ältesten Schriften der Welt. Bevor du sie lernst, solltest du dich ein wenig mit ihr beschäftigen. Es lohnt sich!

Zwei Schreibweisen

Es gibt heute zwei Arten von Schriftzeichen. In der Volksrepublik China werden hauptsächlich vereinfachte „Kurzzeichen" verwendet, in den meisten anderen chinesischsprachigen Ländern dagegen noch die traditionellen „Langzeichen". In diesem Buch arbeiten wir mit den vereinfachten Schriftzeichen.

Wolke – Kurzzeichen

云

Wolke – Langzeichen

雲

Wie viele Schriftzeichen gibt es?

Insgesamt? Mehr als **40 000**, aber viele davon kommen sehr selten vor. Wer im Alltag gut zurechtkommen will (z. B. eine Zeitung lesen), braucht etwa **2000** Zeichen. Gebildete Chinesen beherrschen **4000–5000** Zeichen.

Von oben nach unten …

… und von rechts nach links. Traditionell verliefen chinesische Texte genau entgegengesetzt zu unserer Schreibrichtung. Moderne Texte jedoch folgen meist der westlichen Anordnung.

Vier Arten

Es gibt vier verschiedene Arten von chinesischen Schriftzeichen, die du hier lernen wirst. Sie alle kommen in chinesischen Texten vor.

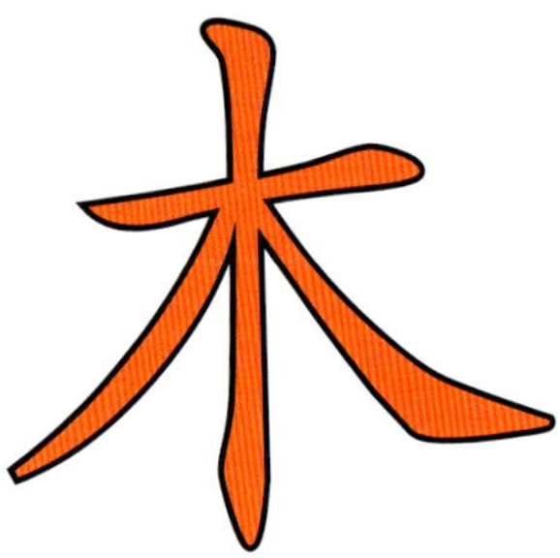

Baum

Piktogramme

Das Schriftzeichen stellt ein Bild dar. Das Zeichen für „Baum“ sieht z. B. aus wie ein Baum.

Eins

Ideogramme

Das Schriftzeichen ist das Bild einer Vorstellung. Das Zeichen für „eins“ ist ein einfacher Strich.

Die Eins auf dem Würfel ist auch ein Ideogramm.

好

gut

Zusammengesetzt

Zur Erweiterung der Schriftsprache wurden aus mehreren Piktogrammen oder Ideogrammen neue Schriftzeichen gebildet.

Das Piktogramm für „Frau“.

Das Piktogramm für „Kind“.

女 + 子 = 好

Frau **Kind** **gut**

Im alten China hielt man es für „gut“, wenn „Frau“ und „Kind“ zusammen waren.

远 yuǎn **weit**

园 yuán **Garten**

Phonogramme

Um die Sprache noch stärker zu erweitern, wurde oft die Bedeutung eines Schriftzeichens mit dem Laut eines anderen kombiniert. So entstanden die Phonogramme. Die Zeichen für „weit“ und „Garten“ haben den Teil gemeinsam, der ihre Aussprache festlegt: 元 (yuán). Der andere Teil des Zeichens trägt jeweils die Bedeutung.

Laut		Bedeutung		Neues Zeichen	
元 yuán	+	辶 **schnell gehen**	=	远	**weit** yuǎn
元 yuán	+	囗 **Eingrenzung**	=	园	**Garten** yuán

Die Schriftzeichen sind ähnlich, aber die Töne werden ganz unterschiedlich ausgesprochen.

Die Striche

Chinesische Schriftzeichen werden nach strengen Regeln geschrieben. Sie sind aus vorgegebenen Strichen zusammengesetzt, die immer auf dieselbe Weise „gezeichnet“ werden. Hier siehst du einige grundlegende Striche, aus denen schöne Schriftzeichen entstehen.

Die Pfeile geben die Richtung der Striche an. Male die Striche zur Übung auf Papier nach.

1

2
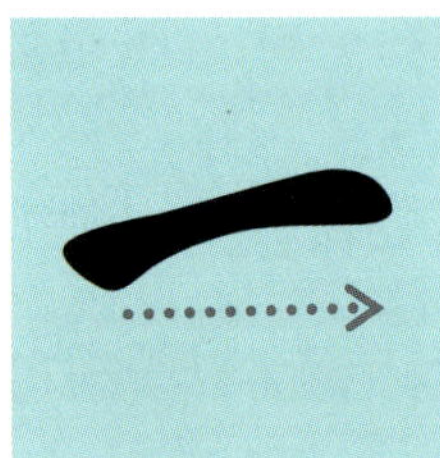

3
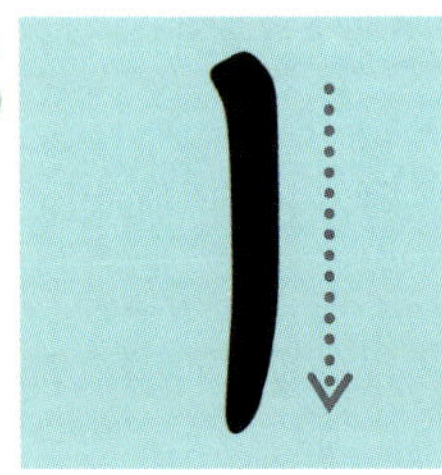

4
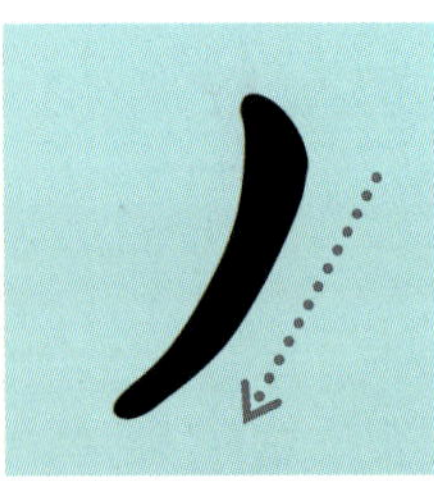

5
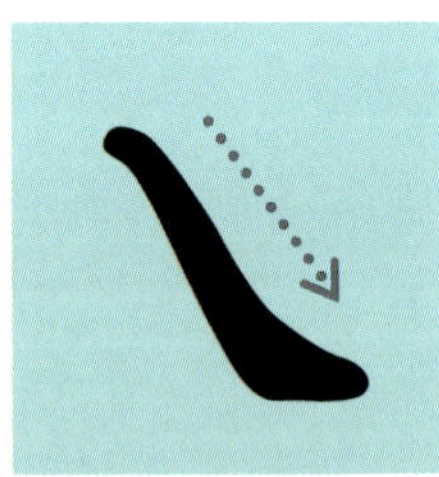

6
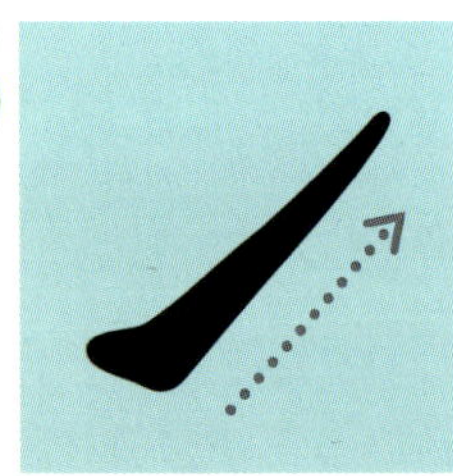

7
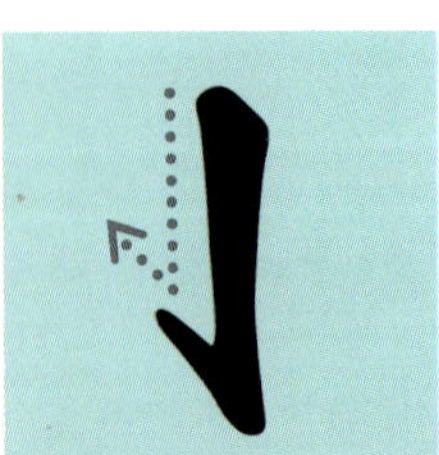

8

9
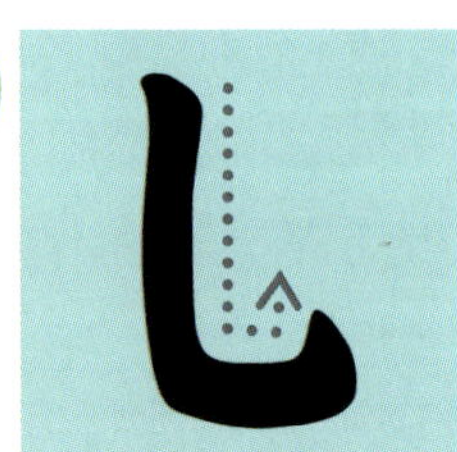

10
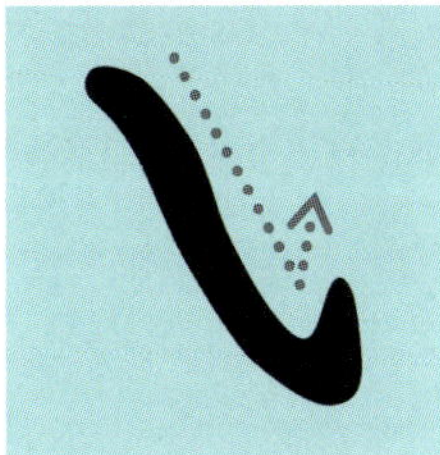

11

12

13
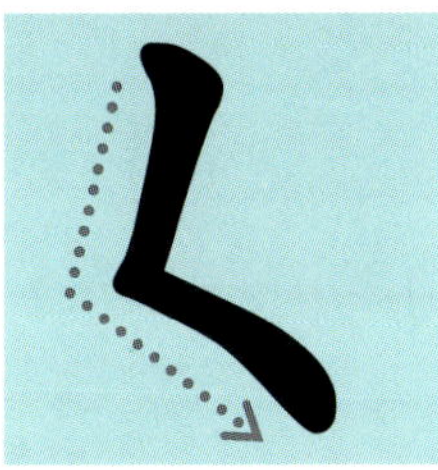

14
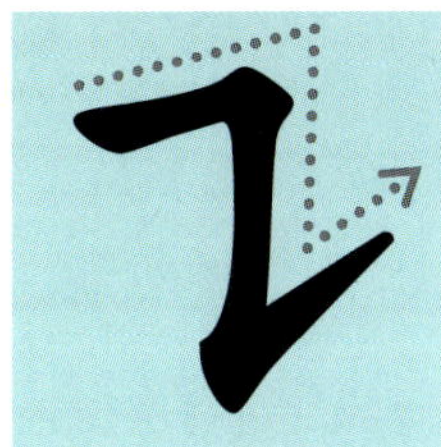

Fülle zur Übung die Tabelle aus.

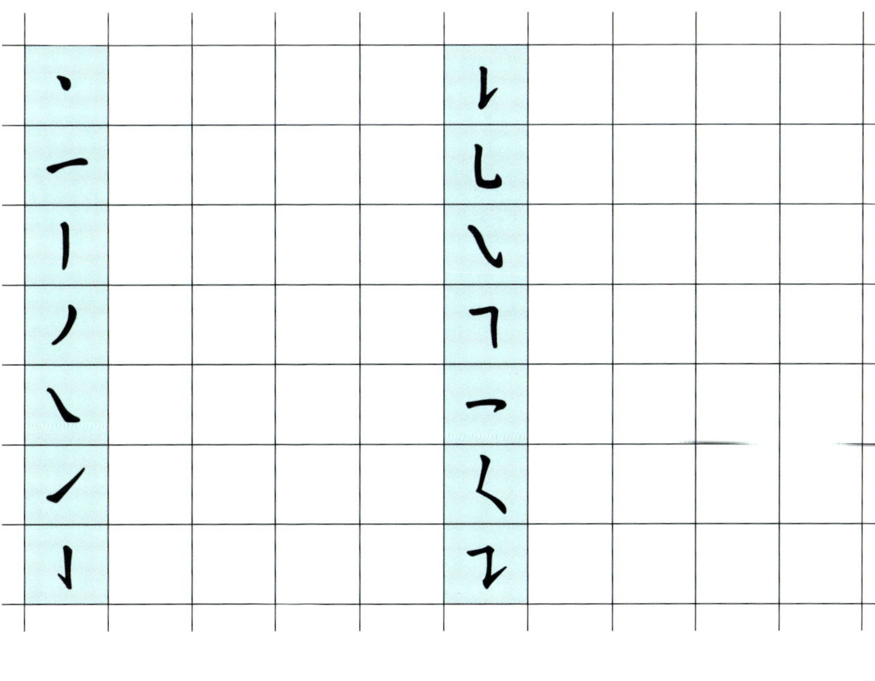

Die Reihenfolge

Die Reihenfolge der Striche ist ebenfalls festgelegt. Du kannst dir die Zeichen besser merken, wenn du sie immer auf die gleiche Weise schreibst. Zwei grundsätzliche Regeln lauten:

1 Von oben nach unten

2 Von links nach rechts

Schreibe zur Übung dieses Zeichen ab:

话

huà

Wort

Beginne mit dem Strich links oben.

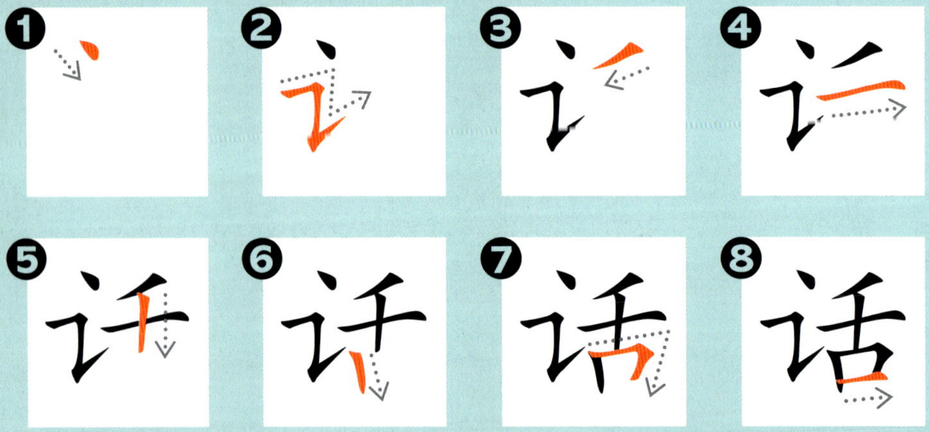

Allerdings gelten diese Regeln nicht für alle Fälle. Manche Zeichen werden in anderer Reihenfolge geschrieben.

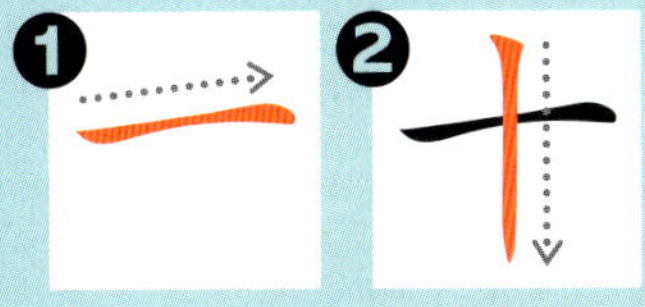

shí **zehn**

erst von links nach rechts, dann von oben nach unten

yuè **Monat**

erst außen, dann innen

xiǎo **klein**

erst die Mitte, dann die beiden Seiten

Früher, als die Gelehrten noch mit Pinsel und Tusche schrieben, wurden so die Zeichen nicht verwischt.

Der Aufbau der Zeichen

中国

zhōng | guó

中 bedeutet „Mitte“

国 bedeutet „Reich“

Das **Reich der Mitte**
nennen wir heute

China.

Alles im Quadrat

Stelle dir beim Schreiben vor, dass jedes Zeichen in einem Quadrat steht. Kaufe entweder kariertes Papier oder zeichne dir Quadrate vor. Die Zeichen sehen schöner aus, wenn sie in gleichmäßigen Abständen stehen, in gleich große Quadrate passen und symmetrisch wirken.

中 zhōng

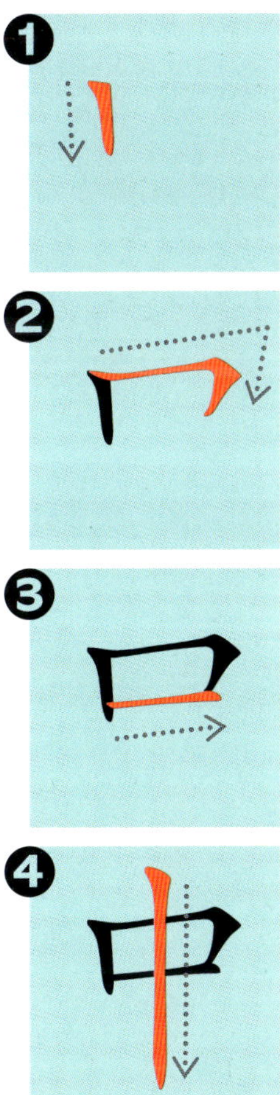

国 guó

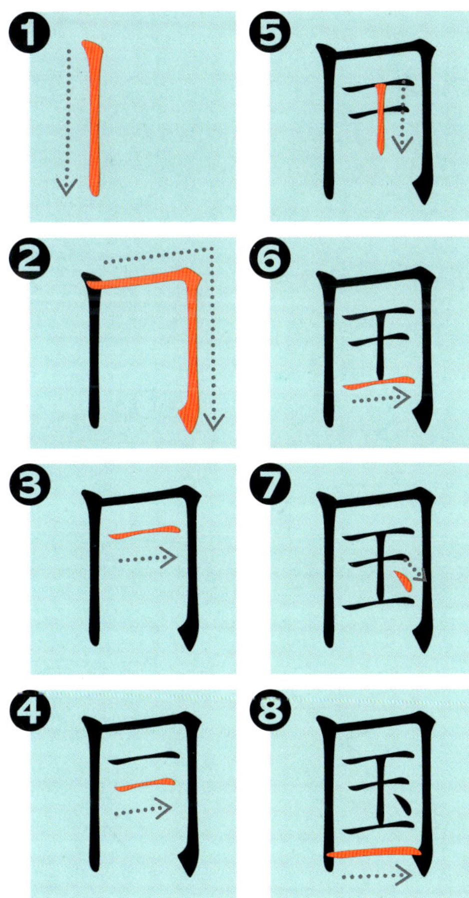

Gedächtnisstützen

Es gibt keine einfache Methode, die Zeichen zu lernen. Sie müssen alle auswendig gelernt werden. Allerdings gibt es ein paar hilfreiche Tipps.

- **Stelle dir die Zeichen als Bilder vor oder lerne ihre Herkunft und Entwicklung kennen (siehe Beispiele auf der nächsten Seite). Oft prägen sich die Zeichen dann besser ein.**

Frau
nǚ

- **Es gibt etwa 200 kleine Bestandteile von Zeichen, die so genannten „Radikale“. Jedes Zeichen enthält eines dieser Radikale, das auf die Bedeutung hinweisen kann. Das Zeichen für „Vogel“** 鸟 niǎo **ist ein Radikal und jedes Zeichen, in dem** 鸟 **enthalten ist, hat etwas mit Vögeln zu tun (z. B. bedeutet** 鸡 jī **„Huhn“).**

Einfache Bilder

Die Piktogramme ähneln oft den ursprünglichen Bildern, die vor Jahrhunderten gemalt wurden.

rì **Sonne**

日

yuè **Mond**

月

shān **Berg**

山

shuǐ **Wasser**

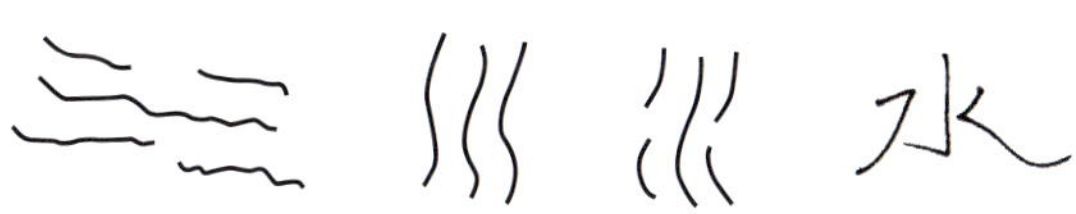

水

niǎo **Vogel**

鸟

mǎ **Pferd**

马

Die Radikale

Übe die folgenden Schriftzeichen. Sie sind sehr nützlich, weil sie als Radikale in vielen anderen Schriftzeichen enthalten sind.

人 rén

Mensch

土 tǔ

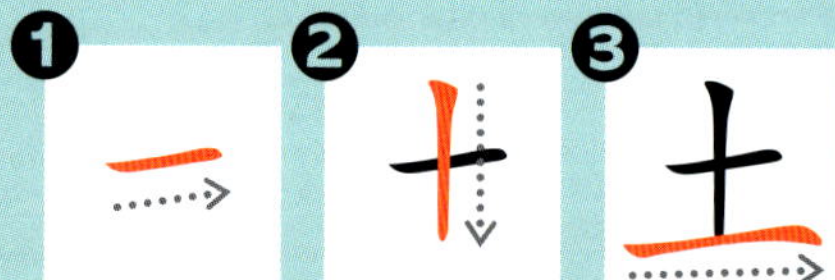

Erde

田 tián

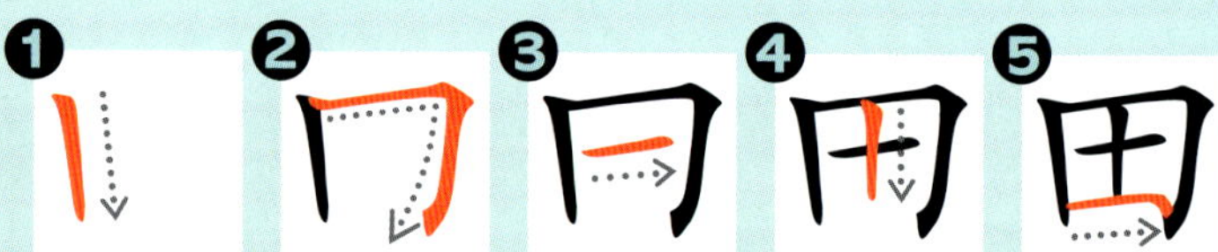

Feld

力 lì

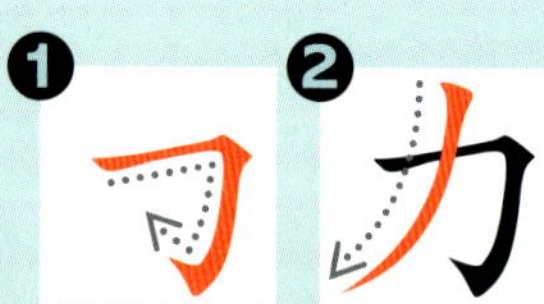

Kraft

Setze die Zeichen zusammen ...

... und bilde neue Zeichen. Du siehst, dass sich die Bedeutung der neuen Zeichen direkt von den Bedeutungen der Ausgangszeichen ableiten lässt. Im alten China ergab die Kombination jeweils einen Sinn.

坐 zuò

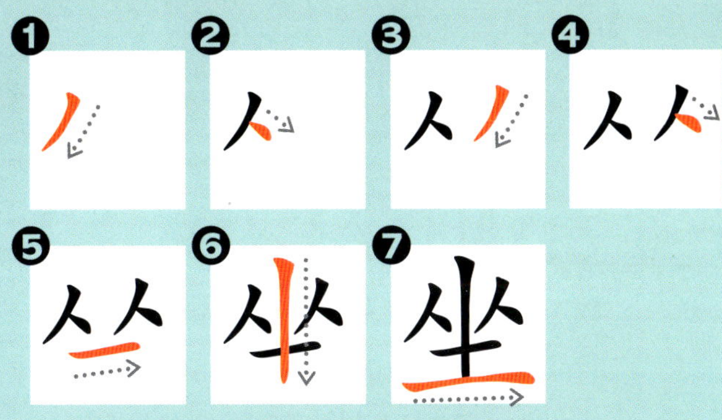

sitzen

人 + 人 + 土 = 坐

Wörtlich: Menschen [auf der] Erde

男 nán

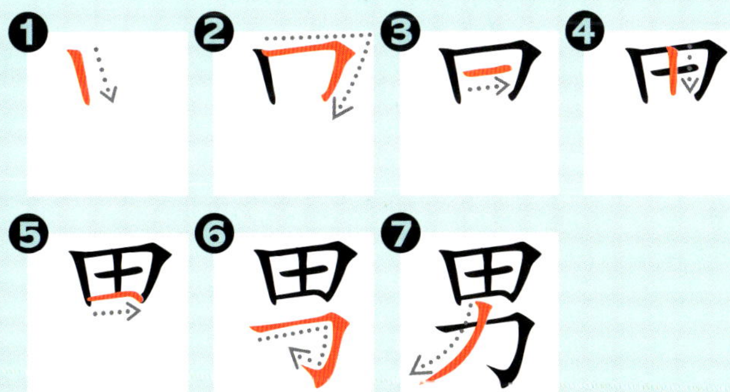

Mann

田 + 力 = 男

Wörtlich: Kraft [auf dem] Feld

6

Ein bisschen Grammatik

Auch wenn Grammatik normalerweise nicht gerade einfach ist, gibt es im Chinesischen tatsächlich weniger zu lernen. Hurra!

Das Verb wird nie verändert

Du brauchst keine verschiedenen Verbformen zu lernen (wie in den meisten europäischen Sprachen).

是 **sein** shì

我是	wǒ shì	**ich *bin***
你是	nǐ shì	**du *bist***
他是	tā shì	**er *ist***

Das chinesische Verb ändert sich nicht, das deutsche dagegen dreimal.

Keine Vergangenheit, keine Zukunft

Es gibt auch keine Zeitformen des Verbs. Hier siehst du zwei Möglichkeiten, die Zeit auszudrücken:

昨天 **gestern** zuótiān

明天 **morgen** míngtiān

1 Füge eine Zeitangabe in den Satz ein, z.B. „nächstes Jahr", „gestern" oder „morgen".

2 Der Partikel „le", der hinter das Verb oder ans Ende des Satzes gestellt wird, drückt aus, dass eine Handlung abgeschlossen ist.

了 le

我昨天去了。	Wǒ zuótiān qù le.	**Ich *ging* gestern.**
我明天去。	Wǒ míngtiān qù.	**Ich *werde* morgen *gehen*.**
我去了。	Wǒ qù le.	**Ich *ging*.**

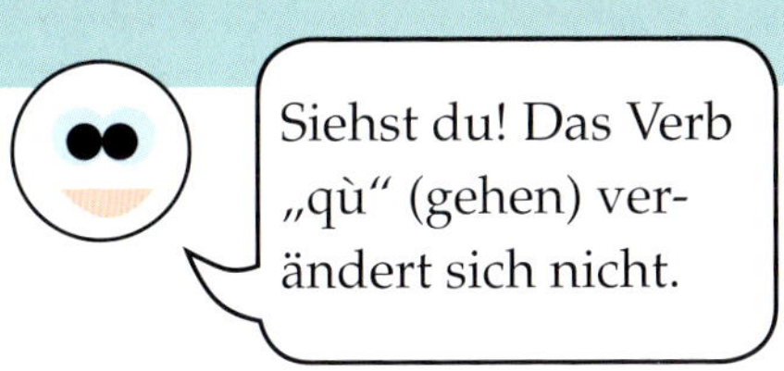

***Achtung:** Die Zeitangabe steht VOR dem Verb.*

Singular und Plural der Substantive

Bei den Substantiven wird nicht zwischen Singular und Plural unterschieden. Es gibt also – anders als im Deutschen – keine Änderung des Substantivs im Plural.

马喜欢吃苹果	Mǎ xǐhuan chī píngguǒ.	**Pferde fressen gerne Äpfel.**

Wörtlich lautet der Satz: „Pferd mögen essen Apfel.“ Da kein bestimmtes Pferd gemeint ist, wird der Satz als allgemeine Aussage verstanden. Im Chinesischen muss man auf den **ZUSAMMENHANG** achten.

Allgemein

Chinesisch kommt in der Regel mit wenigen Wörtern aus. An wörtlichen Übersetzungen zeigt sich deutlich, wie einfach die chinesische Grammatik konstruiert ist:

lange nicht sehen	hǎo jiǔ bù jiàn	好久不见
sehen-sehen	kàn kan	看看
nicht können tun	bù néng zuò	不能做
nicht gehen	bù qù	不去

7

Erste Wörter

Welche Wörter lernt man in jeder Sprache zuerst?

Natürlich diese hier!

你好

nǐ hǎo

Hallo!

再见

zàijiàn

Auf Wiedersehen.

谢谢

xièxie

Danke.

对不起

duìbuqǐ

Entschuldigung.

Und der folgende Satz ist auch sehr nützlich!

Wo ist die Toilette?

厕所在哪儿?

cèsuǒ zài nǎr?

男 nán **Herren**

女 nǚ **Damen**

Wo ist ...?

Wenn du fragen willst, wo etwas ist, setze einfach **„zài nǎr?“** HINTER das Substantiv.

zài nǎr?

„Fàndiàn“ heißt **Restaurant**.

„Fàndiàn zài nǎr?“ heißt **Wo ist das Restaurant?**

生词

Vokabeln

你好	nǐ hǎo	**Hallo!**
再见	zàijiàn	**Auf Wiedersehen.**
谢谢	xièxie	**Danke.**
对不起	duìbuqǐ	**Entschuldigung.**
厕所	cèsuǒ	**Toilette**
在哪儿	... zài nǎr?	**Wo ist ...?**

Willkommen!

8

Chinesen sind sehr gastfreundlich. Besuch wird willkommen geheißen und bekommt etwas zu trinken angeboten – meistens Tee.

请进！
Qǐng jìn!

Bitte kommen Sie herein.

请坐！
Qǐng zuò!

Bitte setzen Sie sich.

请喝茶！
Qǐng hē chá!

Bitte trinken Sie eine Tasse Tee.

请

qǐng

Dieses Wort heißt „bitte“. Im Chinesischen steht es immer am Satzanfang.

Diese beiden Zeichen heißen „neue Wörter“. Die Aussprache ist: „shēngcí“.

生词

Vokabeln

请	qǐng	**bitte**
进	jìn	**hereinkommen**
坐	zuò	**sich setzen**
喝	hē	**trinken**
茶	chá	**Tee**

Tee ist das chinesische Nationalgetränk. Es gibt zahlreiche verschiedene Sorten – die beliebtesten sind schwarzer und grüner Tee. Man trinkt ihn ohne Milch und Zucker.

Wie geht es dir?

9

Chinesen sind sicher sehr beeindruckt, wenn du sie auf Chinesisch begrüßen und dich vorstellen kannst.

Wie geht es dir?

你好吗？

Nǐ hǎo ma?

Weil zwei dritte Töne nacheinander schwer auszusprechen sind, wird der erste als zweiter Ton gesprochen.
Nǐ hǎo **wird zu** Ní hǎo.

Mir geht es sehr gut.

我很好。

Wǒ hěn hǎo.

Wǒ hěn hǎo
wird zu
Wó hén hǎo.

生词

Vokabeln

我	wǒ	**ich**	叫	jiào	**heißen**
你	nǐ	**du**	什么	shénme	**was**
很	hěn	**sehr**	吗	ma	**[Fragepartikel]** **siehe S. 80**
好	hǎo	**gut**			

Wie heißt du?

你叫什么？

Nǐ jiào shénme?

Ich heiße Wang Ying.

我叫王英。

Das ist ein chinesischer Punkt.

Wǒ jiào Wáng Yīng.

Dein chinesischer Name

Weil deutsche Namen für Chinesen oft schwer auszusprechen sind, solltest du dir einen chinesischen Namen aussuchen. Am besten lässt du dir dabei von einem chinesischen Freund oder Lehrer helfen. Es gibt aber auch entsprechende Websites im Internet, z. B. diese hier:

http://www.chinesisch-lernen.org/vornamen

Chinesische Namen

10

Chinesische Namen haben immer eine Bedeutung.
Der Familienname wird vor den Vornamen genannt.
Chinesen haben einen oder zwei Vornamen.

	Yáo Míng	Gǒng Lì	Jackie Chan

Nachname ▸	Yáo	Gǒng	—
Vorname(n) ▸	Míng	Lì	Chéng Lóng
Bedeutung des Vornamens ▸	Hell	Clever	Erfolgreicher Drache

Das ist sein Künstlername.

Die Anrede

Erwachsene werden immer mit vollem Namen angesprochen (Nachname, Vornamen) oder man stellt den Titel hinter den Nachnamen. Beispiele:

先生 xiānsheng **Herr**
z. B. Wáng xiānsheng

老师 lǎoshī **Lehrer**
z. B. Liú lǎoshī

Jackie Chans Mutter nannte ihn als Baby „Pao Pao", das bedeutet „Kanonenkugel".

Kinder und Freunde kannst du mit ihren Vornamen ansprechen, sehr gute Freunde und Familienmitglieder auch mit Spitznamen. Chinesen haben oft einen Spitznamen.

Der Familienname

Die meisten Chinesen haben einen von nur 20 Nachnamen. Hier sind die häufigsten fünf:

1 Lǐ
2 Wáng
3 Zhāng
4 Liú
5 Chén

姓

xìng

Nachname

Vornamen

Bei den Vornamen können Eltern unter tausenden von Schriftzeichen wählen. Hier sind einige sehr beliebte Namen:

Mädchen

1 Yīng (begabt, weise)
2 Xiù (elegant, schön)
3 Yù (Jade)
4 Huá (blühend, prächtig)
5 Zhēn (Schatz, Kostbarkeit)

Jungen

1 Wén (Kultur, Schrift)
2 Míng (hell, klug)
3 Guó (Nation)
4 Huá (blühend, prächtig)
5 Dé (Tugend)

名

míng

Vorname(n)

Tabu!

Chinesen benennen ihre Kinder niemals nach anderen Personen.

11

Konversations-übung 1

Jetzt kannst du überprüfen, was du in diesem Kapitel gelernt hast.

F.

Kannst du dieses Gespräch ins Chinesische übersetzen?

1. **Hallo!**
2. **Hallo!**
3. **Wie geht es dir?**
4. **Mir geht es sehr gut.**
5. **Auf Wiedersehen.**
6. **Auf Wiedersehen.**

A.

Hier die Unterhaltung auf Chinesisch.

1. 你好！ Nǐ hǎo!
2. 你好！ Nǐ hǎo!
3. 你好吗？ Nǐ hǎo ma?
4. 我很好！ Wǒ hěn hǎo!
5. 再见！ Zàijiàn!
6. 再见！ Zàijiàn!

F.

Kannst du diese Sätze ins Chinesische übersetzen?

1. **Wo ist die Toilette?**
2. **Bitte setzen Sie sich.**
3. **Bitte kommen Sie herein.**
4. **Wie heißt du?**
5. **Ich heiße …**

A.

Hier sind die Übersetzungen.

1. 厕所在哪儿？
   Cèsuǒ zài nǎr?
2. 请坐！
   Qǐng zuò!
3. 请进！
   Qǐng jìn!
4. 你叫什么？
   Nǐ jiào shénme?
5. 我叫……
   Wǒ jiào...

12

Woher kommst du?

Hier lernst du zu sagen, aus welchem Land du kommst. Danach wirst du in China sicher oft gefragt.

你是哪国人？

Nǐ shì nǎ guó rén?

Aus welchem Land kommst du?

我是德国人。

Wǒ shì Déguórén.

Ich bin Deutsche(r).

哪 nǎ **welches**

Das Fragewort ist hier 哪. „Nǐ shì nǎ guó rén?" heißt wörtlich: „Du sein welches Land Mensch?"

人 rén **Mensch**

Wenn das Wort „rén" an den Namen eines Landes gehängt wird, heißt es „Mensch(en) aus dem Land".

Einige Ländernamen

Die Ländernamen werden manchmal nur dem Klang nachgebildet, manchmal haben sie zusätzlich eine Bedeutung.

	美国	Měiguó	**USA** (Land der Schönheit)
	泰国	Tàiguó	**Thailand** (Land der Ruhe)
	英国	Yīngguó	**Großbritannien** (Land der Helden)
	法国	Fǎguó	**Frankreich** (Land der Gesetze)
	德国	Déguó	**Deutschland** (Land der Tugend)
	中国	Zhōngguó	**China** (Land der Mitte)
	日本	Rìběn	**Japan** (aufgehende Sonne)
	加拿大	Jiānádà	**Kanada** (ohne Bedeutung)
	澳大利亚	Àodàlìyà	**Australien** (ohne Bedeutung)
	荷兰	Hélán	**Niederlande** (ohne Bedeutung)

Mein Körper

13

Von Kopf …

耳朵	ěrduo	**Ohr**
眼睛	yǎnjing	**Auge**
嘴巴	zuǐba	**Mund**
鼻子	bízi	**Nase**
头	tóu	**Kopf**
头发	tóufa	**Haare**
手	shǒu	**Hand**
脚	jiǎo	**Fuß**
肚子	dùzi	**Bauch**
腿	tuǐ	**Bein**
胳膊	gēbo	**Arm**

... bis Fuß

Das Gesicht

Mithilfe dieses Gesichts kannst du dir die Schriftzeichen super einprägen. (Die Teile der Zeichen, die hier Mund, Nase, Augen und Ohren darstellen, sind Piktogramme.)

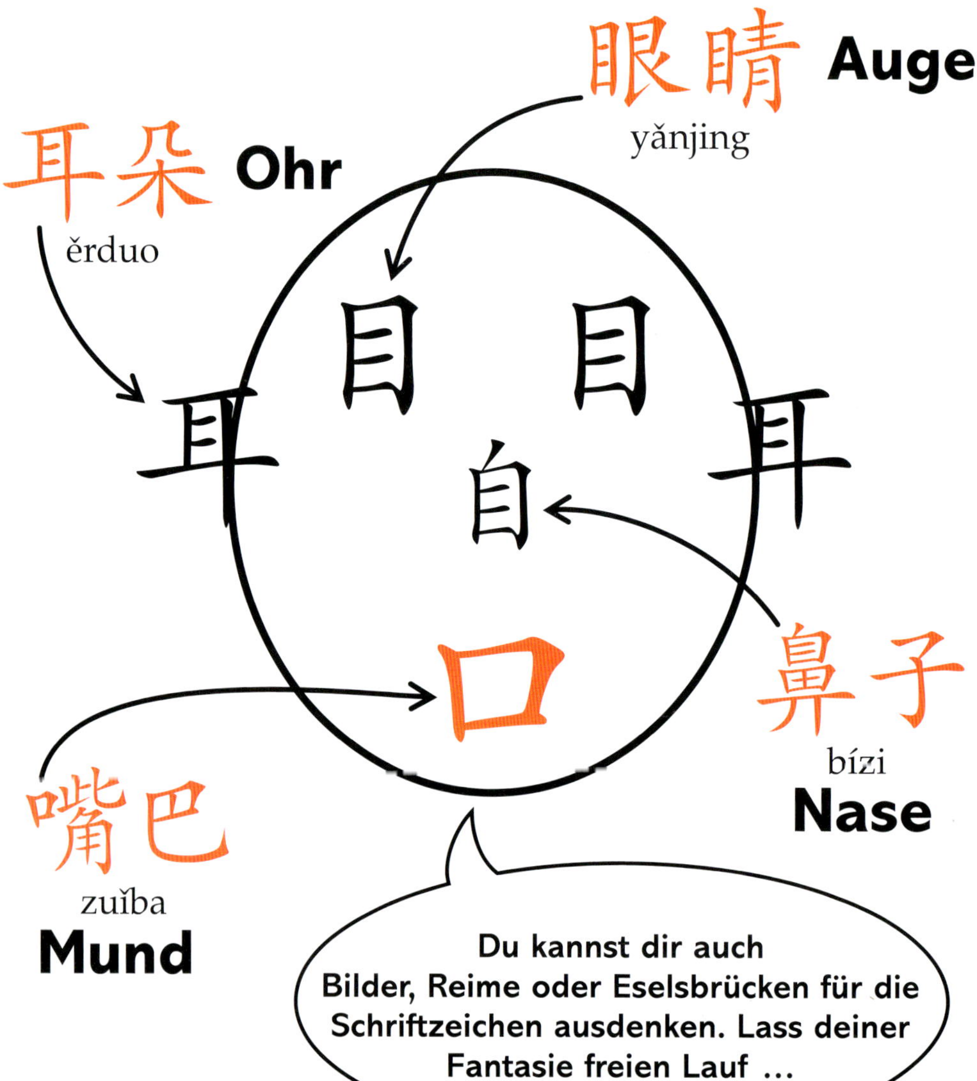

14

Beschreibe dein Gesicht und verwende dabei „groß“ und „klein“.

groß

大

dà

klein

小

xiǎo

我的耳朵大。Wǒ de ěrduo dà. **Meine Ohren sind groß.**

我的鼻子小。Wǒ de bízi xiǎo. **Meine Nase ist klein.**

的 „de“ ist ein neues Wort (siehe dazu S. 49).

Familie & Freunde

15

Im Chinesischen gibt es eigene Wörter für die verschiedenen Mitglieder innerhalb einer Familie. „Jüngere Schwester“ heißt z. B. „mèimei“.

Einander vorstellen

So stellst du Menschen einander vor.

生词 Vokabeln

这是	zhè shì	**Das ist …**
老师	lǎoshī	**Lehrer**
朋友	péngyou	**Freund**
的	de	**[besitzanzeigender Partikel]**

这是我的老师。

Zhè shì wǒ de lǎoshī. **Das ist mein Lehrer.**

Bei Familie und Freunden kannst du „de“ weglassen: 这是我朋友。

Mein, dein, sein, ihr

的

的 (de) ist das am häufigsten verwendete Zeichen. Hier verwandelt es „ich“ in „mein“. Das funktioniert immer so:

我的 wǒ de **mein** 他的 tā de **sein**

你的 nǐ de **dein** 她的 tā de **ihr**

„sein“ und „ihr“: gleiche Aussprache, verschiedene Schriftzeichen.

vor allem Respekt.

孝

xiào

Pietät

Familientradition

Eine der wichtigsten Tugenden des Konfuzianismus ist der Respekt vor Älteren (Pietät). Kinder sollen ihre Eltern lieben und achten.

Konfuzius sagt …

Hier einige der Regeln für Söhne und Töchter:

1 Kümmert euch um eure Eltern.
2 Widersetzt euch ihnen nicht.
3 Liebt, achtet und unterstützt sie.
4 Seid immer höflich.
5 Brüder müssen zusammenhalten.
6 Gebt den Eltern weise Ratschläge.
7 Bringt den Verstorbenen Opfer dar.

孔夫子

Kǒng fūzǐ **Konfuzius**

Konfuzius wurde 551 v. Chr. geboren. Die Lehren seiner Gesellschaftsphilosophie prägen das Leben in Ostasien seit 2000 Jahren.

Hierarchie

Im Konfuzianismus gibt es eine strenge Familienhierarchie. Untergeordnete Mitglieder müssen den übergeordneten gehorchen. Der Großvater hat die höchste Rangstufe, die kleine Schwester die niedrigste.

Teste, ob du die Familienmitglieder noch kennst (siehe S. 48).

Bei uns nennen Kinder ihre Eltern „Mama“ und „Papa“. In China gibt es solche Rufnamen für alle Familienmitglieder, wie z. B. „kleine Schwester“ usw.

Ahnenverehrung

Die konfuzianischen Regeln wurden zwar vor über 2000 Jahren festgelegt, doch sie sind aus der chinesischen Kultur nicht mehr wegzudenken und prägen die Familienbeziehungen bis auf den heutigen Tag. Die Ahnenverehrung ist Teil davon.

Die Menschen zünden Räucherstäbchen an und bringen den Verstorbenen Opfer. Meist sind es Nahrungsmittel, aber auch Zahnbürsten und Hausschuhe für das Leben nach dem Tod.

16

Konversationsübung 2

Hier kannst du überprüfen, was du in diesem Kapitel gelernt hast.

F. Kannst du dieses Gespräch ins Chinesische übersetzen?

1. **Aus welchem Land kommst du?**
2. **Ich bin Deutsche(r).**
3. **Das ist meine Lehrerin.**
4. **Sie ist Chinesin.**

A. Hier die Unterhaltung auf Chinesisch.

1. 你是哪国人？
   Nǐ shì nǎ guó rén?
2. 我是德国人。
   Wǒ shì Déguórén.
3. 这是我的老师。
   Zhè shì wǒ de lǎoshī.
4. 她是中国人。
   Tā shì Zhōngguórén.

F. Kannst du diese Sätze ins Chinesische übersetzen?

1. Ich bin Amerikaner.
2. Sie ist Kanadierin.
3. Das ist meine Freundin.
4. Das ist ihre jüngere Schwester.
5. Das ist sein älterer Bruder.

A. Hier sind die Übersetzungen.

1. 我是美国人。
   Wǒ shì Měiguórén.
2. 她是加拿大人。
   Tā shì Jiānádàrén.
3. 这是我朋友。
   Zhè shì wǒ péngyou.
4. 这是她的妹妹。
   Zhè shì tā de mèimei.
5. 这是他的哥哥。
   Zhè shì tā de gēge.

17

Die Zahlen 1-10

Die Zahlen von 1–10 sind sehr leicht zu lernen. Gleichzeitig sind sie sehr nützlich, denn mit ihnen kannst du:

- **noch höher zählen,**
- **das Datum ausdrücken,**
- **die Namen der Monate …**
- **… und der Wochentage bilden,**
- **die Uhrzeit angeben und**
- **herausfinden, wie viel etwas kostet.**

数字

shùzì

Zahl

Zahlen schreiben

Auch beim Schreiben der Zahlen stellst du dir am besten lauter gleich große Quadrate vor. Die Strichfolge ist von oben nach unten und von links nach rechts.

1	一	yī **eins**	6	六	liù **sechs**
2	二	èr **zwei**	7	七	qī **sieben**
3	三	sān **drei**	8	八	bā **acht**
4	四	sì **vier**	9	九	jiǔ **neun**
5	五	wǔ **fünf**	10	十	shí **zehn**

18 Einfache Mathematik

Aus den Zahlen von 1–10 kannst du auch die Zahlen von 10–99 bilden. Dafür gibt es zwei einfache Regeln:

- Zahlen ***hinter*** der 10 (十) werden zu 10 ***dazugezählt.***
- Zahlen ***vor*** der 10 (十) werden mit 10 ***malgenommen.***

So geht's ...

十二	shíèr	**12**	2 (二) ***hinter*** der 10 (十), das bedeutet 10 + 2
二十	èrshí	**20**	2 (二) ***vor*** der 10 (十), das bedeutet 2 • 10
二十二	èrshíèr	**22**	2 (二) ***vor*** und ***hinter*** der 10 (十), das bedeutet (2 • 10) + 2

F. Welche Zahlen sind das?

1 三十

2 十六

3 四十五

4 七十八

A. 1. 30; 2. 16; 3. 45; 4. 78

Zahlen über 100

Im Zahlenraum über 100 gelten die gleichen Regeln. Damit du die Zahlen schreiben kannst, brauchst du folgende Wörter:

生词 Vokabeln

百	bǎi	**100**
千	qiān	**1000**
万	wàn	**10 000**
百万	bǎiwàn	**1 000 000**

So geht's ...

Die hohen Zahlen werden ebenso aneinander gereiht wie die kleinen, wobei die Zeichen für 10, 100, 1000 usw. die Zeichenketten gliedern.

三百五十 **(3 · 100) + (5 · 10) = 350**

sānbǎiwǔshí

五千四百 **(5 · 1000) + (4 · 100) = 5400**

wǔqiānsìbǎi

六万 **6 · 10 000 = 60 000**

liùwàn

七百万 **7 · 1 000 000 = 7 000 000**

qībǎiwàn

19

Regeln für Zahlen

Bei den Zahlen musst du ein paar Dinge unbedingt beachten. Also aufgepasst!

Zählwörter

Zwischen Zahl und Substantiv muss im Chinesischen ein Zählwort stehen. Es heißt nicht einfach „ein Mensch“, sondern „ein **etwas** Mensch“. Die meisten chinesischen Zählwörter haben im Deutschen keine direkte Entsprechung. Man könnte sie höchstens mit Ausdrücken wie „zwei **Stück** Butter“ oder „drei **Prisen** Salz“ vergleichen.

个 ge

Das häufigste Zählwort ist das tonlose „ge“. Es wird für die meisten Dinge verwendet. Im Zweifelsfall nimm einfach „ge“.

Zahl	Zählwort	Substantiv	Bedeutung
五 wǔ	个 ge	人 rén	**fünf Menschen**
三 sān	个 ge	光盘 guāngpán	**drei CDs**

本 běn

„Běn“ ist das Zählwort für Bücher. Versuche es dir zu merken.

五 wǔ	本 běn	书 shū	**fünf Bücher**

Sonderfall Zwei

Wir kennen bereits die Zahl zwei: „èr". Wenn wir aber sagen wollen „zwei Dinge", dann heißt es nicht „èr" sondern „liǎng".

两 liǎng **zwei**

两个纪念品
liǎng ge jìniànpǐn
zwei Andenken

两个自行车
liǎng ge zìxíngchē
zwei Fahrräder

F. Sage, wie viel du siehst.

Verwende das richtige Zählwort und – wenn nötig – „liǎng".

1 shū **Bücher**

2 péngyou **Freunde**

A. 1. liǎng běn shū 2. sān ge péngyou

20

Das Datum

Im Chinesischen werden die Wochentage und Monate einfach mit Zahlen benannt.

Die Wochentage

1. 星期一 xīngqīyī **Montag** Zahnarzt anrufen
2. 星期二 xīngqīèr **Dienstag**
3. 星期三 xīngqīsān **Mittwoch**
4. 星期四 xīngqīsì **Donnerstag** Geburtstagskarte!
5. 星期五 xīngqīwǔ **Freitag**
6. 星期六 xīngqīliù **Samstag** Urlaub!
7. 星期天 xīngqītiān **Sonntag**

Der Sonntag ist anders – die Zahlen haben frei!

生词

Vokabeln

年	nián	**Jahr**
月	yuè	**Monat**
号	hào	**Datum**
零	líng	**Null**

Bei Jahreszahlen wird die Zahl vor das Wort „nián" gesetzt. Das Jahr 2007 ist also „2007 nián".

Beim Tagesdatum wird die Datumszahl vor das Wort „hào" gesetzt. Der 25. ist also „25 hào".

Die Monate

一月 yīyuè **Januar** 1	二月 èryuè **Februar** 2	三月 sānyuè **März** 3	四月 sìyuè **April** 4
五月 wǔyuè **Mai** 5	六月 liùyuè **Juni** 6	七月 qīyuè **Juli** 7	八月 bāyuè **August** 8
九月 jiǔyuè **September** 9	十月 shíyuè **Oktober** 10	十一月 shíyīyuè **November** 11	十二月 shíèryuè **Dezember** 12

Wir schreiben das Datum

In China kommt zuerst das Jahr, dann der Monat und zuletzt der Tag. Dies entspricht einer allgemeinen Grammatikregel im Chinesischen: **vom Unbestimmten zum Bestimmten**.

Mittwoch, 3. Oktober 2007

二零零七年，	十月，	三号，	星期三
èrlínglíngqī nián,	shíyuè,	sānhào,	xīngqīsān
2007	**Oktober**	**3.**	**Mittwoch**

21

Geburtstagsparty

Früher war der Geburtstag für die Chinesen kein wichtiges Fest. Heute wird er aber, besonders in den Städten, mit einer Torte und einer Party gefeiert.

生日快乐!

Shēngri kuàilè!

Zwei Altersangaben

Es gibt zwei Zählweisen für die Lebensjahre in China: die traditionelle und die westliche.

Traditionell beginnt die Zählung der Jahre bei der Geburt mit eins, und bei jedem chinesischen Neujahrsfest (das sich nach dem Mondkalender richtet) wird ein Jahr dazugezählt. So kann es vorkommen, dass ein winziges Baby schon „zwei Jahre alt“ ist.

Wie alt bist du?

Für diese Frage gibt es im Chinesischen zwei Möglichkeiten:

1 你几岁了？

Nǐ jǐ suì le?

Wie alt bist du?

So stellt man die Frage bei Kindern unter 10 Jahren.

2 你多大了？

Nǐ duō dà le?

Wie alt bist du?

So lautet sie bei Erwachsenen und älteren Kindern.

Die Antwort lautet aber immer:

我XX岁。 Wǒ xx suì. **Ich bin xx Jahre alt.**

Was gibt's zu essen?

Viele Leute essen gerne lange, dünne Nudeln als Symbol für ein langes Leben. Ebenso viele mögen aber auch Geburtstagstorten nach westlichem Vorbild.

Die Tierkreis

Bist du eine Ratte, ein Schwein oder ein Drache?

鼠 牛 虎 兔 龙 蛇

Ratte	Ochse	Tiger	Hase	Drache	Schlange
1912	1913	1914	1915	1916	1917
1924	1925	1926	1927	1928	1929
1936	1937	1938	1939	1940	1941
1948	1949	1950	1951	1952	1953
1960	1961	1962	1963	1964	1965
1972	1973	1974	1975	1976	1977
1984	1985	1986	1987	1988	1989
1996	1997	1998	1999	2000	2001
2008	2009	2010	2011	2012	2013

Zeichen

Nach dem Mondkalender beginnt das Jahr Ende Januar/Anfang Februar. Im Januar Geborene gehören daher oft noch ins Vorjahr.

In China richten sich die Tierkreiszeichen nach dem Jahr der Geburt. Sieh nach, unter welches Zeichen du fällst und erfahre mehr über dich ...

马 羊 猴 鸡 狗 猪

Pferd	Schaf	Affe	Hahn	Hund	Schwein
1918	1919	1920	1921	1922	1923
1930	1931	1932	1933	1934	1935
1942	1943	1944	1945	1946	1947
1954	1955	1956	1957	1958	1959
1966	1967	1968	1969	1970	1971
1978	1979	1980	1981	1982	1983
1990	1991	1992	1993	1994	1995
2002	2003	2004	2005	2006	2007
2014	2015	2016	2017	2018	2019

鼠

Ratte

shú

Ratten sind charmant, intelligent und erwerben sehr treue Freunde – wenn sie jemanden an sich heranlassen. Sie sind ordentlich und ehrlich und leben nach ihren eigenen Regeln.

牛

Ochse

niú

Ochsen sind geborene Anführer und erwecken überall Vertrauen. Da sie eher vorsichtig und methodisch veranlagt sind, zeigen sie selten ihr innerstes Wesen. Bei allem, was sie anpacken, sind sie sehr tüchtig.

虎

Tiger

hǔ

Tiger sind geborene Anführer. Sie werden wegen ihres Mutes geachtet und treten für ihre Überzeugungen ein. Allerdings müssen sie aufpassen, dass sie nicht zu bestimmend auftreten.

兔

Hase

tù

Hasen sind warmherzig, liebevoll und entgegenkommend. Manchmal wirken sie aber zu sentimental oder oberflächlich. Als vorsichtige Menschen können sie gut verhandeln und Streit schlichten.

龙

Drache

lóng

Du steckst voller Leben, bist begeisterungsfähig, beliebt, intelligent, begabt und ein echter Perfektionist. Aber du solltest darauf achten, tolerant zu bleiben – werde nicht gleich ungeduldig, wenn andere nicht so perfekt sind wie du.

蛇

Schlange

shé

Schlangen sind weise und nachdenklich, charmant und romantisch und verlassen sich auf ihr Gefühl. Sie sollten aber unbedingt ihren Geiz zügeln und ihren Sinn für Humor stärken.

马 Pferd
mǎ

Du arbeitest hart und bist sehr unabhängig. Du lässt dir nichts vormachen, bist intelligent und freundlich. Manchmal gibst du gerne ein wenig an, aber meistens bist du bei allen sehr beliebt.

羊 Schaf
yáng

Schafe sind hervorragende Freunde, sie neigen aber dazu, in Fettnäpfchen zu treten. Sie sind elegant und künstlerisch veranlagt, sollten aber nicht so viel jammern, weil sie sonst schnell weinerlich wirken.

猴 Affe
hóu

Du bist schlagfertig, intelligent und wirkst sehr anziehend auf andere, sodass du überall beliebt bist. Affen müssen sich aber davor hüten, nur den eigenen Vorteil zu suchen. Zudem finden sie es schwer, anderen zu vertrauen.

鸡 Hahn
jī

Der Hahn arbeitet hart, ist klug und trifft gute Entscheidungen. Er sagt, was er denkt. Da er außerdem sehr auf gutes Aussehen achtet – bis hin zur Extravaganz – muss er aufpassen, dass er nicht angeberisch wirkt.

狗 Hund
gǒu

Hunde sind sehr treue und ehrliche Freunde – Hunde lassen dich nie im Stich. Allerdings machen sie sich oft zu viel Sorgen und sind überkritisch. Sie bellen lauter als sie beißen.

猪 Schwein
zhū

Du bist immer ein guter Gesellschafter, intelligent mit einem ausgeprägten Sinn für das Richtige. Du bist ehrlich und zuverlässig, aber weil du das von anderen auch annimmst, bist du manchmal naiv.

22

Konversationsübung 3

Hier kannst du überprüfen, was du in diesem Kapitel gelernt hast.

F.

Kannst du dieses Gespräch ins Chinesische übersetzen?

1. **Alles Gute zum Geburtstag!**
2. **Danke.**
3. **Wie alt bist du?**
4. **Ich bin 14.**

A.

Hier die Unterhaltung auf Chinesisch.

1. 生日快乐！
   Shēngri kuàilè!
2. 谢谢！
   Xièxie!
3. 你多大了？
   Nǐ duō dà le?
4. 我十四岁。
   Wǒ shísì suì.

F. Kannst du Folgendes ins Chinesische übersetzen?

1. 54
2. 2500
3. 29. Mai 1971
4. 7 Personen
5. 2 Bücher

A. Hier sind die Übersetzungen.

1. 五十四
   wǔshísì
2. 二千五百
   èrqiānwǔbǎi
3. 一九七一年，五月二十九号。
   yījiǔqīyī nián, wǔyuè èrshíjiǔ hào.
4. 七个人
   qī ge rén
5. 两本书
   liǎng běn shū

Die Jahreszeiten

23

China ist das viertgrößte Land der Welt. Das Klima ist im Norden ganz anders als im Süden.

Das Klima

Der Süden ist subtropisch, das Land ist grün und fruchtbar. Im Norden dagegen steigen die Temperaturen im Winter selten über den Gefrierpunkt und Basketball-Felder werden zu Eislaufflächen. Zwischen diesen beiden Extremen herrscht kontinentales Klima mit ausgeprägten jahreszeitlichen Unterschieden.

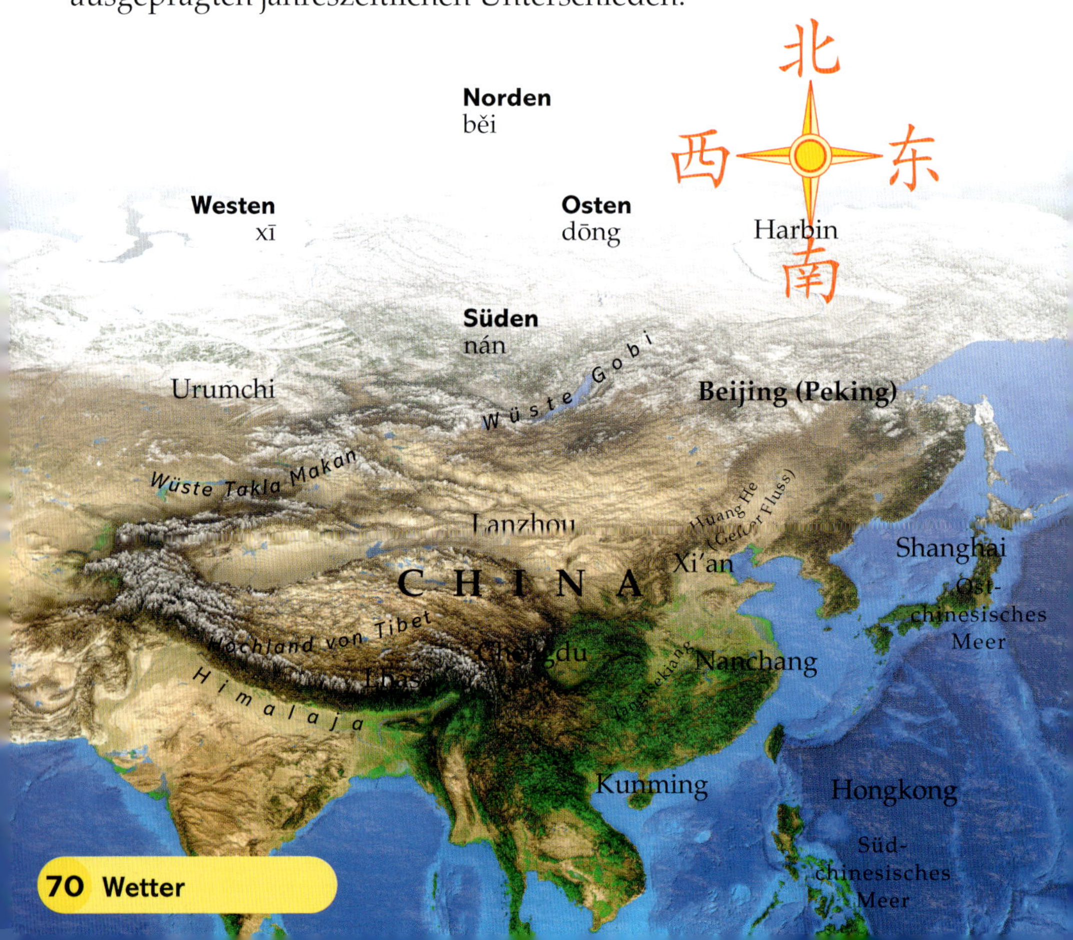

Die vier Jahreszeiten

Der Wechsel der Jahreszeiten bietet ein grandioses Naturschauspiel, besonders dort, wo die Unterschiede sehr groß sind.

春天 chūntiān **Frühling**

夏天 xiàtiān **Sommer**

秋天 qiūtiān **Herbst**

冬天 dōngtiān **Winter**

24

Wie ist das Wetter?

Das Wetter ist als Aufhänger für ein kleines Gespräch überall auf der Welt beliebt.

热

Meine Güte, ist das heiß!

Ausrufe über extremes Wetter sind in China sehr einfach:

太热了！
Tài rè le!
Es ist so heiß!

太冷了！
Tài lěng le!
Es ist eiskalt!

Der Gebrauch von tài ... le

Wenn du ein Adjektiv zwischen diese beiden kleinen Wörter stellst, kannst du Ausrufe über alles Mögliche bilden.

太大了！	Tài dà le!	**Das ist ja riesig!**
太好了！	Tài hǎo le!	**Das ist ja toll!**

Die Wetterlage

Hier sind einige Wörter, die das Wetter beschreiben.

刮风
gūa fēng
windig

下雨
xià yǔ
es regnet

热
rè
heiß

冷
lěng
kalt

下雪
xià xuě
es schneit

Brumm!

25

In China gibt es alle möglichen Transportmittel: von völlig überfüllten Bussen in Beijing bis hin zu rasend schnellen Expresszügen.

Um die Wörter für Verkehrsmittel zu bilden, brauchst du zuerst das folgende Wort: 车 chē **Fahrzeug**

Aufgeschlüsselt

In dieser Tabelle wird gezeigt, was die einzelnen Zeichen in den Fahrzeugnamen bedeuten. Versuche zu erraten, um welche Fahrzeuge es sich handelt. Die Antworten findest du auf der rechten Seite.

	Wort	Pinyin	Bedeutung	Neues Wort
Plus „chē" 车:	自行	zìxíng	**sich bewegen**	自行车
	火	huǒ	**Feuer**	火车
	汽	qì	**Gas/Dampf**	汽车
Plus „qìchē" 汽车:	公共	gōnggòng	**öffentlich**	公共汽车
	出租	chūzū	**zu mieten**	出租汽车
	飞	fēi	**fliegen**	飞机
	机	jī	**Maschine**	

自行车

zìxíngchē

Fahrrad

火车

huǒchē

Zug

汽车

qìchē

Auto

公共汽车

gōnggòngqìchē

Bus

出租汽车

chūzūqìchē

Taxi

飞机

fēijī

Flugzeug

Fahrkarten kaufen

26

Du brauchst eine Fahrkarte, der Schalterbeamte spricht kein Englisch und hinter dir stehen die Leute Schlange.

Keine Panik!

生词 Vokabeln

想	xiǎng	**wollen**	票	piào	**Fahrkarte**
买	mǎi	**kaufen**	去	qù	**gehen/fahren**

Am Bahnhof

So sagt man, um welche Zeit der Zug fährt.

„diǎn“ nach einer Zahl bedeutet „Uhr“, „diǎn bàn“ bedeutet etwa „und halb“.

三点
sān diǎn
3 Uhr

三点半
sān diǎn bàn
3:30 Uhr

生词 Vokabeln

几点	jǐ diǎn	**Wie viel Uhr?**	分	fēn	**Minute**
点	diǎn	**Uhr**	半	bàn	**halb**

我想买票。去北京。

Wǒ xiǎng mǎi piào. Qù Běijīng.

Der Hauptbahnhof in Beijing

Bei anderen Uhrzeiten hängst du die Zahl der Minuten („fēn“) an.

三点二十分

sān diǎn èrshí fēn

3:20 Uhr

三点四十五分

sān diǎn sìshíwǔ fēn

3:45 Uhr

F. Schau auf die Uhr und antworte auf Chinesisch.

几点了？ **Wie viel Uhr ist es?**

Jǐ diǎn le?

A. 四点半 sì diǎn bàn 4.30

27 Nach dem Weg fragen

Selbst wenn du in einer Gruppe reist, wirst du auch manchmal alleine unterwegs sein. Hier lernst du, nach dem Weg zu fragen.

生词 Vokabeln

请问	qǐng wèn	**Ach bitte, eine Frage ...**
...在哪儿?	...zài nǎr?	**Wo ist ...?**
左边	zuǒbian	**links**
右边	yòubian	**rechts**
一直走	yīzhí zǒu	**geradeaus**
然后	ránhòu	**dann, danach**
茶馆	cháguǎn	**Teehaus**
饭店	fàndiàn	**Restaurant**

停 tíng **stop**

Übung

Folge den Anweisungen entlang des roten Wegs zum Teehaus.

请问，
Qǐng wèn,
茶馆在哪儿？
cháguǎn zài nǎr?

一直走。
Yīzhí zǒu.
然后右转，然后左转。
Ránhòu yòu zhuǎn, ránhòu zuǒ zhuǎn.
茶馆在右边。
Cháguǎn zài yòubian.

转
zhuǎn
abbiegen

茶馆
cháguǎn
Teehaus

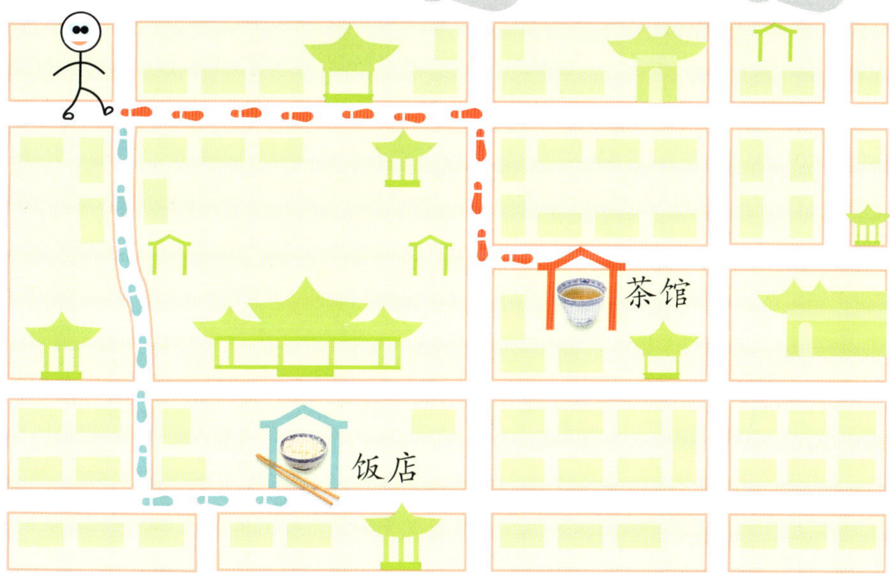

F. Und jetzt du …

Erkläre dem Mann, wie er entlang des blauen Wegs zum Restaurant gelangt.

饭店
fàndiàn
Restaurant

A. 右边。然后一直走，然后左转。饭店在左边。
Yòubian. Ránhòu yīzhí zǒu, ránhòu zuǒzhuǎn. Fàndiàn zài zuǒbian.
Rechts, dann geradeaus, dann links. Das Restaurant ist links.

Fragen

28

Hier sind zwei Möglichkeiten, Fragen zu stellen.

1. ma

Um eine Frage zu bilden, brauchst du nur das kleine Wörtchen „ma“ 吗. Damit wird jeder Satz zu einer Frage.

他去北京。
Tā qù Běijīng.
Er fährt nach Beijing.

他去北京吗？
Tā qù Běijīng ma?
Fährt er nach Beijing?

汽车站在左边。
Qìchēzhàn zài zuǒbian.
Die Haltestelle ist auf der linken Seite.

汽车站在左边吗？
Qìchēzhàn zài zuǒbian ma?
Ist die Haltestelle auf der linken Seite?

F. Verwandle diesen Satz in eine Frage.

公共汽车去北京。
Gōnggòngqìchē qù Běijīng.
Der Bus fährt nach Beijing.

A. 公共汽车去北京吗？
Gōnggòngqìchē qù Běijīng ma? **Fährt der Bus nach Beijing?**

2. Buh!

Das ist zwar kein chinesisches Wort, aber es klingt wie das Wort für „Nein“ oder „nicht“, „bù“ 不. Wenn du „bù“ zwischen zwei gleiche Wörter setzt, stellst du eine Frage.

你去不去？ Nǐ qù bù qù? **Gehst du?**

Es ist auch eine Art, „Ja“ und „Nein“ zu sagen, da es dafür keine eigenen Wörter gibt.

Als Antwort wird das Wort erneut wiederholt.

去。 Qù. **Ich gehe./Ja.**

不去。 Bù qù. **Ich gehe nicht./Nein.**

F. Beantworte die Frage (verwende „mǎi“ 买, das heißt „kaufen“).

你买不买？ Nǐ mǎi bù mǎi? **Kaufst du das?**

Eine Ausnahme

Bei dem Verb „haben“, also „yǒu“ (Aussprache: jou), steht niemals „bù“ sondern „méi“ 没, um die Verneinung auszudrücken.

有没有？ Yǒu méi yǒu? **Hast du es?**

有。 Yǒu. **Ich habe es./Ja.**

没有。 Méi yǒu. **Ich habe es nicht./Nein.**

A. 买。mǎi. **Ja.** 不买。bù mǎi. **Nein.**

Verkehrsmittel in China

China besitzt das drittgrößte Eisenbahnnetz der Welt und die meisten Radfahrer. Von Tag zu Tag starten mehr Flugzeuge und das Straßennetz wächst rasant.

Fahrräder

300 Millionen Fahrräder sind in China im Einsatz. Der Verkauf geht allerdings zurück, weil sich immer mehr Leute ein Auto leisten können.

Fahrradtaxis

Es gibt zwar keine zu Fuß gezogenen Rikschas mehr, aber Fahrradtaxis sind ganz gewöhnliche Verkehrsmittel.

Verkehr

In Beijing, wie in vielen anderen chinesischen Städten, ist der Verkehr sehr dicht und langsam. LKWs, Busse, Autos, Taxis, Fahrräder, Fahrradtaxis und Minibusse verstopfen die Straßen.

堵车 dǔchē
Verkehrsstau

Im Zug

Im Zug lernt man schnell Chinesen kennen, und man kann die herrliche Landschaft genießen. In chinesischen Zügen gibt es vier „Klassen".

Hard Seater

Die billigste Möglichkeit im Zug zu reisen. Die Sitze sind zwar gepolstert, aber eng und ungemütlich.

硬座 yìngzuò

Hard Sleeper

Die Waggons sind in türlose Abteile mit je sechs Liegeplätzen geteilt. Für lange Reisen sind diese Plätze am schnellsten ausverkauft.

硬卧 yìngwò

Soft Seater

Bequeme Sitze, die viel Beinfreiheit bieten – ideal für relativ kurze Strecken.

软座 ruǎnzuò

Soft Sleeper

Die teure Luxus-Version: Man reist in geschlossenen Abteilen mit je vier bequemen Betten.

软卧 ruǎnwò

29

Konversationsübung 4

Hier kannst du überprüfen, was du in diesem Kapitel gelernt hast.

F. Kannst du dieses Gespräch ins Chinesische übersetzen?

1. **Ich möchte eine Fahrkarte nach Beijing kaufen.**
2. **Um wie viel Uhr fahren Sie?**
3. **Um vier Uhr.**
4. **Ist gut.**

A. Hier die Unterhaltung auf Chinesisch.

1. 我想买票去北京。
   Wǒ xiǎng mǎi piào qù Běijīng.
2. 你几点去？
   Nǐ jǐ diǎn qù?
3. 四点。
   Sì diǎn.
4. 好了。
   Hǎo le.

F.

Kannst du diese Sätze ins Chinesische übersetzen?

❶ **Ach bitte, eine Frage.**

❷ **Gehen Sie geradeaus.**

❸ **Gehst du?**

❹ **Wie spät ist es?**

❺ **6.45 Uhr**

A.

Hier sind die Übersetzungen.

❶ 请问。
Qǐng wèn.

❷ 一直走。
Yīzhí zǒu.

❸ 你去不去？/ 你去吗？
Nǐ qù bù qù?/ Nǐ qù ma?

❹ 几点了？
Jǐ diǎn le?

❺ 六点四十五分 。
Liù diǎn sìshíwǔ fēn.

Das Gedeck

30

Chinesische Essgewohnheiten sind für Ausländer erst einmal verwirrend – und andersherum ebenso.

刀叉 dāo-chā **Messer und Gabel**

Schwer

难

nán **schwer**

用筷子很难。

Yòng kuàizi hěn nán.

Es ist schwer, mit Stäbchen zu essen.

So isst man chinesisch

Mit den Stäbchen nimmt man einzelne Häppchen aus den aufgetischten Gerichten, in denen alle Zutaten klein geschnitten sind. In die Schale gehört der Reis, der auch mit Stäbchen gegessen wird. Der Löffel ist für die Suppe.

oder leicht?

容易

róngyì **leicht**

用筷子很容易。

Yòng kuàizi hěn róngyì.

Es ist leicht, mit Stäbchen zu essen.

Ein paar Regeln

Chinesen sind wunderbare Gastgeber. Meist tischen sie ein reiches Mahl auf. Hier sind ein paar Benimm-Regeln, damit du weißt, was sich in China beim Essen gehört und was nicht.

Tischmanieren

Greife erst zu, wenn der Gastgeber dazu auffordert. Wundere dich nicht, wenn er dich immer wieder drängt, jedes Gericht zu probieren – er will nur sicher sein, dass du gut versorgt bist.

Lobe das gute Essen, denn das freut ihn ebenso wie jeden Gastgeber zu Hause. Sage ruhig auch, wie froh du bist, hier gute Freunde zu finden oder wie wohl du dich fühlst.

Drehe nie den Fisch um, um an die Unterseite zu gelangen. Für Chinesen sieht das so aus, wie wenn ein Boot zum Kentern gebracht wird.

Es ist nicht gut, schnell zu essen und dann plötzlich aufzuhören. Iss lieber langsam und höre nach und nach auf. Lass ein wenig von den Speisen und Getränken übrig, denn damit drückst du aus, dass der Gastgeber reichlich aufgetischt hat.

Schenke deinen Tischnachbarn Getränke nach.

Achte nicht auf Schlürfen, Rülpsen und andere Essgeräusche – in China gelten sie als Zeichen dafür, dass es schmeckt.

Sitzordnung

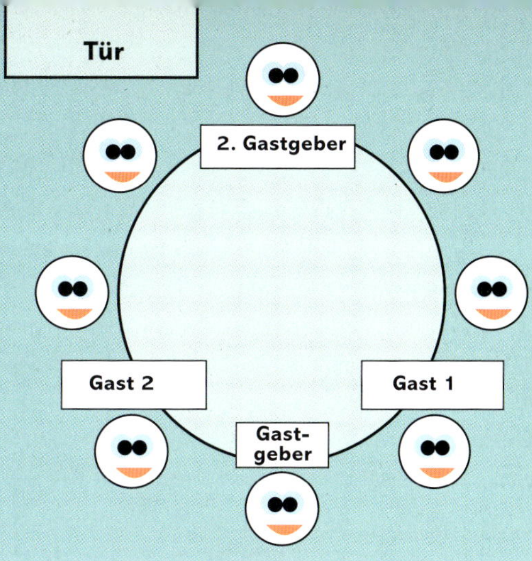

Die Tische sind oft rund. Die Sitzordnung richtet sich nach dem Status und der wiederum meist nach dem Alter. Der Gastgeber sitzt der Tür gegenüber. Gast 1 sitzt ihm zur Rechten und Gast 2 zur Linken. Der zweite Gastgeber sitzt meist bei der Tür und um ihn herum die Gäste 3 und 4.

Auf keinen Fall

- Wühle nie in den Gerichten, sondern nimm dir nur den Bissen, den du haben möchtest.
- Lass keine Soße oder Essensreste an den Stäbchen kleben.
- Spieße das Essen nicht mit den Stäbchen auf.
- Stecke die Stäbchen nicht aufrecht in die Reisschale – das erinnert an Räucherstäbchen für Verstorbene.

So hältst du die Stäbchen

Nützliche Redewendungen

Probiere sie ruhig beim nächsten Mal im China-Restaurant aus.

我自己来	wǒ zìjǐ lái	**Ich nehme mir selbst.**
我吃饱了	wǒ chī bǎo le	**Ich bin satt.**
很好吃	hěn hǎo chī	**Es schmeckt sehr gut!**

31

32 Auf dem Tisch

Chinesisches Essen ist sehr schmackhaft und vielfältig. Hier zum Einstieg ein paar Wörter:

米饭
mǐfàn
Reis

面条
miàntiáo
Nudeln

肉
ròu
Fleisch

鸡
jī
Huhn

鱼
yú
Fisch

(烤)鸭
(kǎo) yā
(gebratene) Ente

矿泉水
kuàngquánshuǐ
Mineralwasser

茶
chá
Tee

果汁
guǒzhī
Saft

Und ein paar Getränke

点心
diǎnxīn
Dim Sum

饺子
jiǎozi
**Teig-
taschen**

蔬菜
shūcài
Gemüse

水果
shuǐguǒ
Obst

我吃素
Wǒ chī sù.
Ich bin Vegetarier.

33

Im Restaurant

Im China-Restaurant kannst du ab jetzt auf Chinesisch bestellen und alle beeindrucken.

生词 Vokabeln

想	xiǎng	**wollen**
服务员	fúwùyuán	**Ober, Kellner/-in**
买单	mǎidān	**Rechnung**
吃	chī	**essen**
什么	shénme	**was**
菜单	càidān	**Speisekarte**
给	gěi	**geben**
饭店	fàndiàn	**Restaurant**

在饭店

zài fàndiàn

im Restaurant

Viele Restaurants in Beijing sind relativ vornehm. Im übrigen China gibt es aber oft noch laute, quirlige Restaurants, in denen es sehr lebhaft zugeht.

Herr Ober, geben sie mir die Speisekarte bitte.

服务员。请给我菜单。
Fúwùyuán. Qǐng gěi wǒ càidān.

这是菜单。
Zhè shì càidān.

你想吃什么？
Nǐ xiǎng chī shénme?

Hier bitte. Was möchten Sie essen?

Ich möchte gerne Teigtaschen.

我想吃饺子。
Wǒ xiǎng chī jiǎozi.

Das war sehr gut.

很好吃。
Hěn hǎo chī.

Die Rechnung bitte.

请给我买单。
Qǐng gěi wǒ mǎidān.

34

Konversationsübung 5

Jetzt kannst du überprüfen, was du in diesem Kapitel gelernt hast.

F. **Kannst du dieses Gespräch ins Chinesische übersetzen?**

1. **Herr Ober!**
2. **Guten Tag. Was möchten Sie essen?**
3. **Ich möchte gerne Nudeln.**
4. **Ist gut.**
5. **Danke. Sie schmecken sehr gut!**

A. **Hier die Unterhaltung auf Chinesisch.**

1. 服务员！Fúwùyuán!
2. 你好。你想吃什么？
   Nǐ hǎo. Nǐ xiǎng chī shénme?
3. 我想要面条。
   Wǒ xiǎngyào miàntiáo.
4. 好。Hǎo.
5. 谢谢 。很好吃。
   Xièxie. Hěn hǎo chī.

F. Kannst du diese Sätze ins Chinesische übersetzen?

1. Ich bin Vegetarier.
2. Ich nehme mir selbst.
3. Ich bin satt.
4. Mit Stäbchen zu essen ist schwer.
5. Mit Stäbchen zu essen ist leicht.

A. Hier sind die Übersetzungen.

1. 我吃素。
   Wǒ chī sù.
2. 我自己来。
   Wǒ zìjǐ lái.
3. 我吃饱了。
   Wǒ chī bǎo le.
4. 用筷子很难。
   Yòng kuàizi hěn nán.
5. 用筷子很 容易。
   Yòng kuàizi hěn róngyì.

Sport und Spiel

35

Sicher hast du, abgesehen von Chinesisch, noch andere Hobbys. Suche dir in der folgenden Liste die aus, die dir gefallen.

网球
wǎngqiú
Tennis

足球
zúqiú
Fußball

乒乓球
pīngpāngqiú
Tischtennis (Pingpong)

球
qiú
Ball

滑板
huábǎn
Skateboard fahren

听音乐
tīng yīnyuè
Musik hören

看书
kàn shū
Lesen

学习中文
xuéxí Zhōngwén
Chinesisch lernen

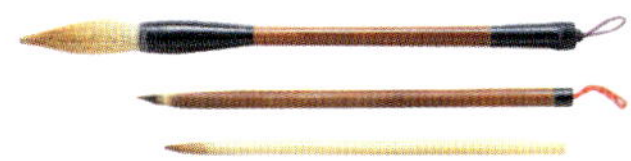

画画
huàhuà
Malen

游泳
yóuyǒng
Schwimmen

滑冰
huábīng
Eislaufen

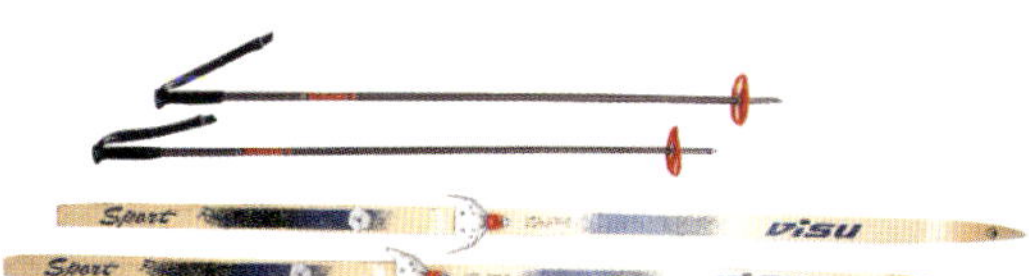

滑雪
huáxuě
Ski fahren

36

Das mag ich.

Wenn möglich, plaudere mit einem Chinesisch sprechenden Freund über Dinge, die du magst und nicht magst.

生词

Vokabeln

喜欢	xǐhuan	**mögen**
爱	ài	**lieben**
打	dǎ	**spielen**
也	yě	**auch**
你呢？	nǐ ne?	**Und du?**

Ich mag ...

我喜欢打网球。

Wǒ xǐhuan dǎ wǎngqíu.

Ich spiele gern Tennis.

Um den Satz zu verneinen, stellst du „bù" 不 vor das Verb.

Ich mag nicht ...

我不喜欢打网球。

Wǒ bù xǐhuan dǎ wǎngqíu.

Ich spiele nicht gern Tennis.

Ich mag auch ...

Wenn du sagen willst, dass du etwas „auch" magst, setze einfach „yě" 也 vor das Verb.

我也喜欢滑板。

Wǒ yě xǐhuan huábǎn.

Ich fahre auch gern Skateboard.

我也喜欢听音乐。

Wǒ yě xǐhuan tīng yīnyuè.

Ich höre auch gern Musik.

Und du?

Wenn du jemanden fragen willst, ob er etwas mag, sagst du einfach „nǐ ne?" 你呢?

我喜欢打网球。你呢?

Wǒ xǐhuan dǎ wǎngqíu. Nǐ ne?

Ich spiele gern Tennis. Und du?

我爱你

Wǒ ài nǐ.

Wenn du jemanden lieber magst als alles andere auf der Welt, sage einfach: „Ich liebe dich!"

37

Pingpong und Mah-Jongg

In China sind auch traditionelle Hobbys immer noch sehr lebendig.

Kampfsport

Über 2000 Jahre hinweg entwickelten sich viele Formen des Kampfsports mit jeweils sehr ausgeprägtem Stil. Jede Stilrichtung beinhaltet Selbstverteidigung, Gesundheitsvorsorge und Persönlichkeitsarbeit.

Um 6 Uhr früh beginnen in Shanghai viele Menschen den Tag mit Tai Chi.

太极拳 tàijíquán
Tai Chi

Oberbegriff für chinesischen Kampfsport:

武术 wǔshù

Pingpong

Tischtennis ist eine der beliebtesten Sportarten in China. Es wird von rund 200 Millionen Menschen gespielt. Die Tischtennisplatten sind ein beliebter Treffpunkt für Kinder und Jugendliche, die dort üben und vielleicht davon träumen, eines Tages an den Olympischen Spielen teilzunehmen.

乒乓球
pīngpāngqiú

Mah-Jongg

Mah-Jongg ist in China so beliebt wie eh und je. Das Spiel mit seinen komplizierten Regeln dauert oft sehr lange! Dazu gehört immer viel lautes „Klick-Klack", weil die Spielsteine oft aneinander stoßen.

麻将 májiàng

Chinesisches Schach

Xiàngqí ist eines der beliebtesten Brettspiele in China. Das Strategiespiel stammt aus dem 4. Jh. v. Chr. und ist dem westlichen Schach sehr ähnlich – eine echte geistige Herausforderung.

象棋 xiàngqí

Chinesische Oper

Die chinesische Oper ist über 1000 Jahre alt. Handlungen wie das Türöffnen oder Reiten werden durch bestimmte Gesten und Schritte ausgedrückt. Das Make-up der Schauspieler kennzeichnet ihre Rollen. Begleitet wird das Ganze von traditionellen Instrumenten.

Jīngjù
Peking-Oper (eine von vielen Formen)

Was ist angesagt?

38

Jugendliche haben überall auf der Welt ähnliche Interessen – ob in London, Berlin oder Beijing.

Shanghai

Shanghai – Chinas Stadt der Träume – ist die am schnellsten wachsende Stadt der Welt: ein Getümmel voller Energie, neuer Ideen und Kultur an der Spitze des Zeitgeistes. Diese Stadt schläft nie.

上海

Shànghǎi
Shanghai

Beijing 2008

Olympische Spiele

Ganz China fieberte begeistert bei den Olympischen Spielen mit, die am 8. August 2008 um 8 Uhr in Beijing (Peking) eröffnet wurden – die Acht ist in China eine Glückszahl.

奥运会

Àoyùnhuì
Olympische Spiele

Das Internet

Ob Blogs, Podcasts, SMS oder Musik zum Herunterladen ... 100 Mio. Chinesen nutzen das Internet, aber nur wenige besitzen einen Computer. Meist treffen sie sich mit Freunden im Internet-Café.

上网 shàng wǎng
Surfen im Internet

Tourismus

Immer mehr Chinesen entdecken ihre Reiselust, sowohl im In- als auch im Ausland.

一路平安！
yí lù píng'ān
Gute Reise!

Pop-Idole

Die Kids in China lieben Pop-Musik, besonders „Kanto-Pop“. Sie hören aber auch Rap, Heavy Metal und Punk. Eine chinesische Version der Superstar-Castingshows, der „Supergirl Contest“, war gerade ein riesiger Hit mit 400 Mio. Zuschauern.

Li Yuchun (Mitte) ist die 21-jährige Gewinnerin des „Supergirl Contest“ 2005.

39

Slang

Das Chinesische entwickelt sich laufend weiter. Ständig werden neue Ausdrücke erfunden und mit dem wachsenden Einfluss aus dem Ausland dringen Fremdwörter in die Sprache ein.

Viele dieser Wörter kamen ab 1978 als Folge von Deng Xiaopings „Politik der offenen Tür“ in Gebrauch. Es war der Beginn der wirtschaftlichen Reformen, als China sich dem Westen und Japan öffnete.

Ausrufe

酷 kù! **Cool!**

拜拜 bái bái! **Tschüs!**

嗨 hài **Hi!/ Hallo!**

OK OK **OK!**

Zeitvertreib

蹦迪	bèngdí	**Disco**
上网聊天	shàngwǎng liáotiān	**Online-Chat**
卡拉OK	kǎlāOK	**Karaoke**
瑜伽	yújiā	**Yoga**
高尔夫球	gāo'ěrfūqiú	**Golf**

Essen/Trinken

可乐	kělè **Cola**
咖啡	kāfēi **Kaffee**
咖喱	gālí **Curry**
派	pài **Kuchen**
比萨	bǐsà **Pizza**
汉堡	hànbǎo **Hamburger**

40

Konversations-übung 6

Hier kannst du überprüfen, was du in diesem Kapitel gelernt hast.

F.

Kannst du dieses Gespräch ins Chinesische übersetzen?

❶ **Ich schwimme gern. Und du?**

❷ **Ich schwimme nicht gern. Ich mag Fußball.**

❸ **Ich spiele auch gern Tennis.**

❹ **Tennis macht sehr viel Spaß.**

A.

Hier die Unterhaltung auf Chinesisch.

❶ 我喜欢游泳。你呢？
Wǒ xǐhuan yóuyǒng. Nǐ ne?

❷ 我不喜欢游泳。
Wǒ bù xǐhuan yóuyǒng.
我喜欢足球。
Wǒ xǐhuan zúqiú.

❸ 我也喜欢网球。
Wǒ yě xǐhuan wǎngqiú.

❹ 网球很好玩儿。
Wǎngqiú hěn hǎo wánr.

F.

Kannst du Folgendes ins Chinesische übersetzen?

1. Chinesisch lernen
2. Gute Reise!
3. Ich liebe dich.
4. Olympische Spiele
5. Im Internet surfen

A.

Hier sind die Übersetzungen.

1. 学习中文
   xuéxí Zhōngwén
2. 一路平安!
   yī lù píng'ān!
3. 我爱你!
   Wǒ ài nǐ!
4. 奥运会
   Àoyùnhuì
5. 上网
   shàng wǎng

41

In Beijing

In chinesischen Städten, besonders in der Hauptstadt Beijing, gibt es viele großartige Bauwerke zu sehen.

生词

Vokabeln

看	kàn	**sehen**
做	zuò	**tun/machen**
长城	Chángchéng	**die Große Mauer**
故宫	Gùgōng	**die Verbotene Stadt**
天安门广场	Tiān'ānmén Guǎngchǎng	**der Platz des himmlischen Friedens**

在北京你想做什么？

Zài Běijīng nǐ xiǎng zuò shénme?

我想看……

Wǒ xiǎng kàn...

Ich möchte ... sehen.

长城

Chángchéng

die Große Mauer

故宫

Gùgōng

die Verbotene Stadt

天安门广场

Tiān'ānmén Guǎngchǎng

den Platz des himmlischen Friedens

Nützliche Redewendungen

请你再说。

Qǐng nǐ zài shuō.

Können Sie das bitte wiederholen?

我听不懂。

Wǒ tīng bù dǒng.

Ich verstehe nicht.

你说英文吗?

Nǐ shuō yīngwén ma?

Sprechen Sie Englisch?

42

Ein Tag in der Natur

In China kann man die herrlichsten Naturerlebnisse genießen, sei es beim Bergsteigen, am Strand oder auf Flussfahrten ...

生词 Vokabeln

我们	wǒmen	**wir**
上午	shàngwǔ	**Vormittag**
下午	xiàwǔ	**Nachmittag**
爬	pá	**(be)steigen**
山	shān	**Berg**
海边	hǎibiān	**am Meer**
坐船	zuò chuán	**mit dem Schiff fahren**
骑马	qí mǎ	**reiten**

Die Schriftzeichen für „Vormittag“ und für „Nachmittag“ sind leicht zu behalten.

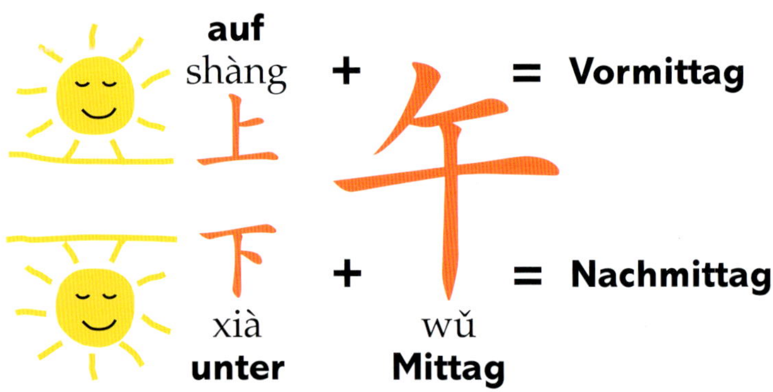

上午

上午我们爬山。

Shàngwǔ wǒmen pá shān.

Am Vormittag steigen wir auf einen Berg.

上午我们骑马。

Shàngwǔ wǒmen qí mǎ.

Am Vormittag reiten wir.

下午

下午我们去海边。

Xiàwǔ wǒmen qù hǎibiān.

Am Nachmittag fahren wir ans Meer.

下午我们坐船。

Xiàwǔ wǒmen zuò chuán.

Am Nachmittag fahren wir mit dem Schiff.

43

Auf dem Markt

Hier ein paar Dinge, die du auf den bunten und vielfältigen Märkten in China findest.

Bilde einen Satz

Füge am Ende des Satzes ein, was du kaufen möchtest.

我去市场买……

Wǒ qù shìchǎng mǎi...

Ich gehe auf den Markt und kaufe ...

丝织品

sīzhīpǐn

Seide

纪念品

jìniànpǐn

Andenken

玉

yù

Jade

工艺品

gōngyìpǐn

Kunsthandwerk

Die Wörter für „kaufen“ und „verkaufen“ ergeben zusammen das Wort für „Geschäfte“.

买 mǎi **kaufen** + 卖 mài **verkaufen** = 买卖 mǎimài **Geschäfte**

鞋子 xiézi
Schuhe

电器 diànqì
Elektrogeräte

衣服 yīfu
Kleidung

书
shū
Bücher

陶瓷艺术
táocí yìshù
Keramik

Feilschen erlaubt!

44

Auf chinesischen Märkten ist es üblich, um den Preis zu feilschen. Das wird auch von dir erwartet.

Zwei Ausdrücke

Zum Feilschen brauchst du nur zwei Ausdrücke.

Wie viel kostet das?

多少钱？

duōshǎo qián?

Das ist zu teuer!

太贵了！

tài guì le!

Geld in China

Die Grundeinheit der chinesischen Währung ist der „yuán“, der oft auch „kuai“ genannt wird.

Ein Zehn-Yuan-Schein

元 yuán

块 kuài

Gute Tipps

Wer die Kunst des Feilschens beherrscht, kann tolle Schnäppchen machen. Beide Seiten müssen gut schauspielern können.

1) Sieh dich zuerst ein bisschen um und suche dir etwas aus.

2) Frage nach dem Preis.

duōshǎo qián?

3) Wenn es dir billig vorkommt, lass dir nichts anmerken. Tu so, als seist du von dem hohen Preis überrascht. Das erste Angebot des Händlers liegt meist mindestens 40 % über dem normalen Preis.

tài guì le!

4) Nenne einen niedrigen Preis, etwa 1/5 des Angebots des Händlers. Lächle dabei freundlich – das hilft immer.

5) Der Händler tut dann vielleicht verärgert und gibt vor, nichts verkaufen zu wollen. Dann solltest du weggehen – er wird dich zurückrufen.

6) Erhöhe dein Angebot von nun an in Schritten von 5 %. Du bekommst die Ware in der Regel zur Hälfte des ersten Angebots.

Die Verkäufer haben meist Taschenrechner, in die beide Seiten ihre Angebote eintippen können.

斤斤计较

jìn jìn jì jiào

um jedes Gramm feilschen

45

Das Neujahrsfest

Das älteste und wichtigste Fest des Jahres in China ist das Frühlingsfest, das man auch als chinesisches Neujahrsfest bezeichnet.

恭 gōng
喜 xǐ
发 fā
财 cái

Wir wünschen Glück und Reichtum

Wann findet das Frühlingsfest statt?

Den Zeitpunkt des Festes bestimmt der Mondkalender, wie es auch bei anderen Feiertagen üblich ist. Es findet immer zwischen Ende Januar und Mitte Februar statt.

Und so läuft es ab

Einige Tage vorher: Häuser werden geputzt (um Unglück wegzufegen), Schulden bezahlt, die Haare geschnitten und neue Kleider gekauft. Die Chinesen glauben, dass das neue Jahr ordentlich beginnen muss, sonst setzt sich das Chaos womöglich das ganze Jahr fort. Die Türen werden mit langen Rollbildern mit Schriftzeichen auf rotem Grund geschmückt (wie hier zu sehen) – Rot bringt Glück.

出 chū
入 rù
平 píng
安 ān

Frieden und Sicherheit auf allen Wegen

Am Vorabend des Neujahrsfests gibt es ein großes Abendessen mit allen Familienmitgliedern von nah und fern. Es ist ein reichliches Festmahl, bei dem auch Teigtaschen verzehrt werden, weil sie so aussehen wie Goldklumpen. Um Mitternacht werden Feuerwerk und Kracher angezündet, um böse Geister zu vertreiben.

Am Neujahrstag besucht man Nachbarn, Verwandte und Freunde. Junge, unverheiratete Familienmitglieder erhalten von ihren verheirateten Verwandten rote Päckchen mit „Glücksgeld". Oft führt auch eine Tanzgruppe einen Drachen- oder Löwentanz auf, um böse Geister zu vertreiben.

烟火
yānhuǒ
Feuerwerk

Der 15. Tag ist ein staatlicher Feiertag. In der Volksrepublik China umfasst das Neujahrsfest sieben Feiertage, doch traditionell dauert es bis zum 15. Tag des ersten Mondmonats und endet mit dem „Laternenfest". Dabei werden die Häuser mit bunten Laternen geschmückt und es gibt besondere Speisen zu essen.

Feiertage

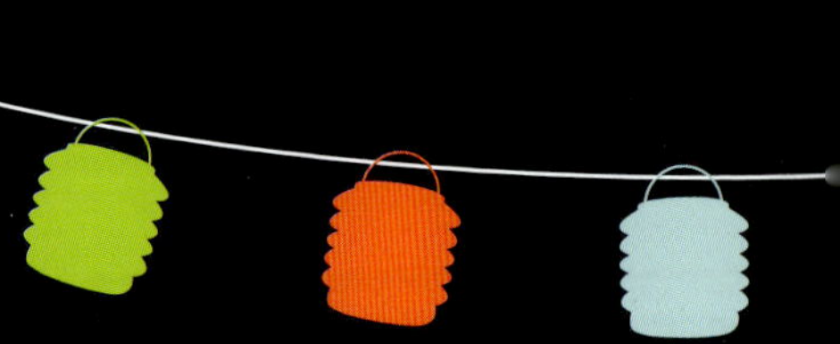

Es gibt noch weitere wichtige Feiertage in China.

Qing Ming

Dies ist ein Toten-Gedenktag, an dem die Chinesen ihre verstorbenen Vorfahren ehren und Opfer an deren Gräber bringen.

清明

Qīng Míng

Papiergeschenke werden verbrannt als Opfergaben für die Verstorbenen.

Mondfest

Dieses Fest findet während des Vollmonds statt, der dem 23. September am nächsten ist. Zu dieser Zeit steht der Mond besonders groß und hell am Himmel und man feiert die reichliche Ernte des Sommers. Alle essen Mondkuchen und Freunde und Verwandte genießen das vom Herbstmond erleuchtete Festessen. Kinder gehen oft mit bunten Laternen herum.

中秋节

Zhōng qīu jié

Mondkuchen in kleinen Scheiben werden mit Tee verzehrt.

Drachenbootfest

Dieses Fest findet jedes Jahr zur Erinnerung an den berühmten Dichter Qu Yuan statt, der vor über 2000 Jahren am fünften Tag des fünften Mondmonats ertrank. Hauptattraktion sind die Bootsrennen. Die Mannschaften rudern die als Drachen geschmückten Boote im Takt ihrer Trommeln um die Wette ins Ziel.

端午节

Dūan wǔ jié

Eine Mannschaft besteht in der Regel aus 10 Rudererpaaren, einem Trommler und einem Steuermann.

46

Konversationsübung 7

Hier kannst du überprüfen, was du in diesem Kapitel gelernt hast.

F. Kannst du dieses Gespräch ins Chinesische übersetzen?

1. **Was willst du heute tun?**
2. **Am Vormittag gehe ich zum Platz des himmlischen Friedens.**
3. **Am Nachmittag gehe ich auf den Markt, um Andenken zu kaufen.**

A. Hier die Unterhaltung auf Chinesisch.

1. 今天你想做什么？
   Jīntiān nǐ xiǎng zuò shénme?
2. 上午我去天安门广场。
   Shàngwǔ wǒ qù Tiān'ānmén Guǎngchǎng.
3. 下午我去市场买纪念品。
   Xiàwǔ wǒ qù shìchǎng mǎi jìniànpǐn.

F. Kannst du diese Sätze ins Chinesische übersetzen?

1. Wie viel kostet das?
2. Das ist zu teuer!
3. Bitte sagen Sie das noch einmal.
4. Ich verstehe nicht.
5. Frohes neues Jahr!

A. Hier sind die Übersetzungen.

1. 多少钱？
   Duōshǎo qián?
2. 太贵了！
   Tài guì le!
3. 请你再说。
   Qǐng nǐ zài shuō.
4. 我听不懂。
   Wǒ tīng bù dǒng.
5. 新年快乐！
   Xīnnián kuài lè!

Vokabelliste

In dieser Liste kannst du Wörter nachschlagen und deinen Wortschatz trainieren.

Andenken	jìniànpǐn	纪念品
Apfel	píngguǒ	苹果
Arm	gēbo	胳膊
auch	yě	也
auf	shàng	上
Auf Wiedersehen	zàijiàn	再见
Auge	yǎnjing	眼睛
Auto	qìchē	汽车
Bauch	dùzi	肚子
Baum	shù	树
bei	zài	在
Bein	tuǐ	腿
Berg, Gebirge	shān	山
(be)steigen	pá	爬
bitte	qǐng	请
Bruder – älterer	gēge	哥哥
Bruder – jüngerer	dìdi	弟弟
Buch	shū	书

Bus	gōnggòngqìchē	公共汽车
China	Zhōngguó	中国
Danke	xièxie	谢谢
dann, danach	ránhòu	然后
Deutsche(r)	déguórén	德国人
dieses	zhè	这
du	nǐ	你
einfach	róngyì	容易
Entschuldigung	duìbuqǐ	对不起
er	tā	他
essen	chī	吃
Fahrkarte	piào	票
Fahrrad	zìxíngchē	自行车
Fahrzeug	chē	车
Flugzeug	fēijī	飞机
Frau	nǚrén	女人
Freund	péngyou	朋友
Frühling	chūntiān	春天
Fuß	jiǎo	脚
geben	gěi	给
Geburtstag	shēngri	生日
gehen, fahren	qù	去

Geschäft, Handel	mǎimài	买卖
gestern	zuótiān	昨天
groß	dà	大
Großmutter	zǔmǔ	祖母
Großvater	zǔfù	祖父
gut	hǎo	好
Haare	tóufa	头发
haben	yǒu	有
Hallo, Guten Tag	nǐ hǎo	你好
Hand	shǒu	手
heiß	rè	热
heißen	jiào	叫
Herbst	qiūtiān	秋天
hereinkommen	jìn	进
heute	jīntiān	今天
Hochchinesisch	pǔtōnghuà	普通话
Hund	gǒu	狗
ich	wǒ	我
Jahr	nián	年
kalt	lěng	冷
kaufen	mǎi	买
Kellner/Kellnerin	fúwùyuán	服务员

Kopf	tóu	头
Landkarte	dìtú	地图
Lehrer	lǎoshī	老师
leicht	róngyì	容易
lernen	xuéxí	学习
lieben	ài	爱
links	zuǒbian	左边
machen, tun	zuò	做
Mann	nánrén	男人
Markt	shìchǎng	市场
Mensch	rén	人
mögen	xǐhuan	喜欢
Monat	yuè	月
morgen	míngtiān	明天
Mund	zuǐba	嘴巴
Mutter	māma	妈妈
Nachmittag	xiàwǔ	下午
Nase	bízi	鼻子
Norden	běi	北
Nudeln	miàntiáo	面条
Ohr	ěrduo	耳朵
Olympische Spiele	Àoyùnhuì	奥运会

Osten	dōng	东
Österreicher(in)	àodìlìrén	奥地利人
Panda	xióngmāo	熊猫
Rechnung	mǎidān	买单
rechts	yòubian	右边
Reis	mǐfàn	米饭
Restaurant	fàndiàn	饭店
schneien	xià xǔe	下雪
Schweizer(in)	ruìshīrén	瑞士人
schwer	nán	难
Schwester – ältere	jiějie	姐姐
Schwester – jüngere	mèimei	妹妹
sehen	kàn	看
sehr	hěn	很
sein	shì	是
sie	tā	她
sitzen	zuò	坐
Sommer	xiàtiān	夏天
Speisekarte	càidān	菜单
spielen (Sportart)	dǎ	打
Stäbchen	kuàizi	筷子
Süden	nán	南

Taxi	chūzūqìchē	出租汽车
Tee	chá	茶
Teehaus	cháguǎn	茶馆
Toilette	cèsuǒ	厕所
trinken	hē	喝
unter	xià	下
Vater	bàba	爸爸
Verkehrsstau	dǔchē	堵车
verstehen	dǒng	懂
Vogel	niǎo	鸟
Vormittag	shàngwǔ	上午
was	shénme	什么
Wasser	shuǐ	水
welche/-r/-s	nǎ	哪
Westen	xī	西
windig	gūa fēng	刮风
Winter	dōngtiān	冬天
wir	wǒmen	我们
wo	nǎr	哪儿
wollen	xiǎng	想
zu	tài	太
Zug	huǒchē	火车

Register

Bildnachweis

Dorling Kindersley dankt folgenden Personen und Institutionen für die freundliche Genehmigung zum Abdruck der Fotos:

(Abkürzungen: o-oben; u-unten; m-Mitte; g-ganz; l-links; r-rechts)

Alamy Images: Beaconstox 118ur; Cn Boon 59mo; Peter Bowater 73mlu; Jon Bower 117gor; David Bowman 117ml; Wendy Connett 75mru, 80ul; Content Mine International 38mro; Dbimages/Betty Johnson 112-113; Dbimages/Derek Brown 73ml; Juergen Effner 82ul; Kevin Foy 73gol, 75ur, 77go; Mike Goldwater 75gor; Tim Graham 75ggor; Henry Westheim Photography 104; Ids Photography 78gol; JLImages 102m; Lou Linwei 103gor; Iain Masterton 82ml, 113mro; Neil McAllister 101mr; Panorama Media (Beijing) Ltd. 71ul; Panorama Media (Beijing) Ltd./Panorama Stock 101gol; Pictorial Press Ltd 38gmro; Giles Robberts 99gol; SAS 73mlo, 83mlo; Lynn Seldon 82mlo; Bjorn Svensson 75gur; Joe Tree 34ggor; View Stock 111mlu. Corbis: 44-45, 109mr; Archivo Iconografico, S.A. 50mru; Diego Azubel/epa 101u; Dave Bartruff 90-91; Dean Conger 29ul; China Daily/Reuters 118mlo; Tim Davis/DLILLC 73ul; Duomo 38mlo; Kevin Foy 77gor; Jose Fuste Raga 109ml; Lowell Georgia 111gol; Lars Halbauer/dpa 77ur, 102ul; Dallas and John Heaton/Free Agents Limited 109mro; Paul Hilton 71gor; So Hing-Keung 119mu; Wolfgang Kaehler 23ur, 103mr; Jason Lee/Reuters 117u; Liu Liqun 71ur, 100mu, 111ul, 114ul; Ken Liu 71gol; Yang Liu 75mro, 99mro; James Marshall 93ul; Mike McQueen 51ur, 100m; Gideon Mendel 96-97, 114m; Michael Prince 49mro; Reuters 118ul; Peter Turnley 62ul; Nik Wheeler 111mlo. Empics Ltd: Associated Press 103u. Flickr.com: cultureshock013 115ul; Kazuhiko Harada 83ul. Getty Images: Asia Images/Alex Mares-Manton 59ur; Asia Images/Marcus Mok 19gor; The Bridgeman Art Library 17; Iconica/Antonio Mo 37gom, 37gol, 37gor; The Image Bank/LWA 63ur; Lonely Planet Images/Phil Weymouth 92ul; National Geographic/Richard Nowitz 15mlu; Stone/Jason Hosking 35gor. NASA: 14mlo. PunchStock: Blend Images 29ml.

Weitere Information unter:
www.dkimages.com

Dank

Dorling Kindersley dankt Caroline Bingham, Iris Chan, Caroline Purslow, Suzanne Thompson und Fleur Star sowie Calvin Quek und Xiao Yao in Beijing für Lektoratsassistenz; Claire Bowers, Rose Horridge und Rob Nunn für die Bildrecherche. Ganz besonderer Dank gilt Jeremy und Annabel Greenwood, Christeen Duffy sowie Graeme, Charlie und Max Duffy.

N
W
O
S
Mongolischer Altai
Burqin
Ulungur Hu
Bohoro Shan
Yining
Urumchi
Tien Shan
Tomiir Feng 7443m
Aksu He
Kashi
Tarim He
Korla
Bosten Hu
Kuruktag
Tarimbecken
Wüste Takla Makan
Lop Nur
Ruoqiang
3
G
Qogri Feng
8611m
Karakorum-pass 5575m
Altun Shan
Qilian Shan
Yabrai
Kunlun Shan
Mt Bukan Daban 6860m
Qaidambecken
Qinghai Hu
Muz Tag 6973m
Rutog
Dogai Coring
Burhan Budai Shan
HIMALAJA
Hochland von Tibet
Tongtian He
Bayan Har Shan
A'nyemaqe
C H I
8
Yushu
Nagqu
Nam Co
Qamdo
Mt Xixabangma Feng 8027m
Nyainqentanglha Shan
Lhasa
Cheng
1
Mount Everest (Qomolangma Feng) 8844,43m
Mekong
Rote
Legende
1 Mount Everest
2 Große Mauer
3 Weltraumbahnhof
4 Terrakotta-Armee
5 Verbotene Stadt
6 Drei-Schluchten-Damm
7 Shaolin-Tempel
8 Qinghai-Tibet-Eisenbahn
9 Steinwald bei Shilin
10 Dazu Felsenbilder